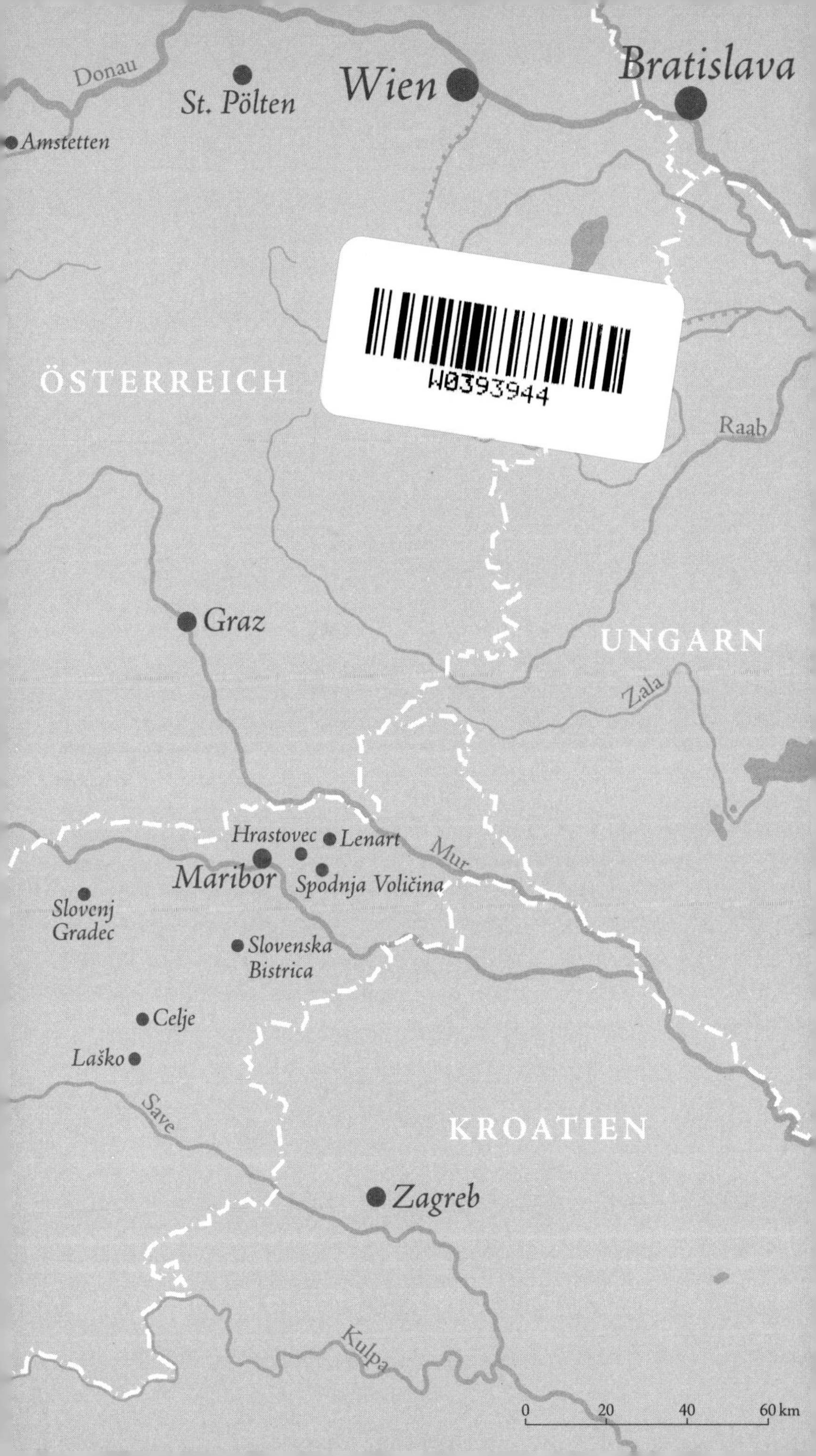
Donau
St. Pölten
Wien
Bratislava
Amstetten
ÖSTERREICH
Raab
Graz
UNGARN
Zala
Hrastovec
Lenart
Mur
Maribor
Spodnja Voličina
Slovenj Gradec
Slovenska Bistrica
Celje
Laško
Save
KROATIEN
Zagreb
Kulpa
0
20
40
60 km

W0393944

DER ZWECK, SAGT IHR,
HEILIGT DIE MITTEL?
DAS DOGMA HEILIGT DEN BÜTTEL?
DEN GALGEN? DEN KERKERKITTEL?
O SCHWARZUMFLORTES KAPITEL!

FEST STEHT TROTZ SCHRECKEN
UND SCHRECK:
DIE MITTEL ENTHEILIGEN DEN
ZWECK!
(ERICH KÄSTNER)

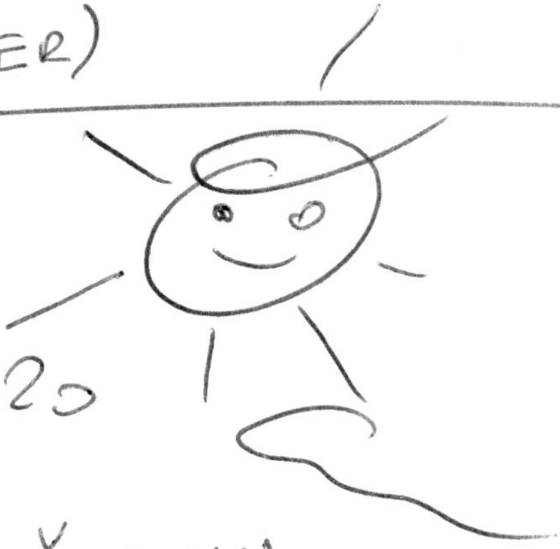

FEB. 2020

SMRT FAŠIZMU

Martin Pollack

Die Frau ohne Grab

Bericht über meine Tante

Paul Zsolnay Verlag

Gefördert von der Kulturabteilung der Stadt Wien, Literatur,
und vom Land Oberösterreich.

1. Auflage 2019
ISBN 978-3-552-05951-1
© 2019 Paul Zsolnay Verlag Ges. m. b. H., Wien
Bildnachweis: Seite 9, 31, 44, 67, 77, 78, 84, 89, 101, 106,
111, 122, 124, 127, 128, 139, 175 Archiv Martin Pollack
Seite 37, 73, 151 Jože Benedek
Seite 134 Pavel Hrastelj
Satz: Nele Steinborn, Wien
Autorenfoto: © Ingrid Schemel
Umschlag: Anzinger und Rasp, München
Fotos: © oben: Archiv Martin Pollack
unten: Pavel Hraselj
Druck und Bindung: GGP Media GmbH, Pößneck
Printed in Germany

FSC
www.fsc.org
MIX
Papier aus verantwortungsvollen Quellen
FSC® C014496

Für Gridi

1

Als ich vor Jahren das erste Mal nach Laško fuhr, um nach Spuren meiner von dort stammenden Familie zu suchen, hatte ich von Paulines Existenz keine Ahnung.

Weder mein Großvater noch sein jüngerer Bruder hatten sie mir gegenüber jemals erwähnt. Sie hatten oft und gern von Tüffer erzählt, wie ihr kleiner Heimatort auf Deutsch genannt wurde, von einer glücklichen, unbeschwerten Jugend, von abenteuerlichen Streifzügen durch die umliegenden Wälder, von der Jagd nach Auerhähnen, Fasanen, Hasen und Rehwild, von kapitalen Böcken, erlegt nach stundenlanger schweißtreibender Pirsch, von gigantischen Huchen, die sie aus der durch Tüffer fließenden Sann, slowenisch Savinja, gezogen hatten, von einem liebevollen Elternhaus, vom wunderbaren Essen, das die Mutter mit Hilfe der slowenischen Köchin auf den Tisch zauberte, von duftenden Nusspotitzen und Poganzen und vom sonntäglichen Braten, meist ein knuspriger Puran, ein wahres Gedicht.

Mein Großvater erzählte mir auf unseren Wanderungen über die Dörfer rund um Amstetten in Niederösterreich stundenlang begeistert vom Leben in Tüffer. Das war in den späten vierziger, frühen fünfziger Jahren des vorigen Jahrhunderts. Wenn er in die private, nur ihm und ein paar Eingeweihten vertraute Heimat seiner Kindheit eintauchte, wurde er jedes Mal sentimental und bekam feuchte Augen. Seine Stimme nahm dann einen singenden Tonfall an, so wie er einst zu Hause geredet haben mag. Dabei war er für gewöhnlich ein cholerischer, harter Mann, doch

Tüffer weckte in ihm nostalgische Erinnerungen an ein versunkenes Paradies, an eine Idylle.

Mein Großvater hieß Rudolf Bast und wurde von mir liebevoll Opsi genannt, er war, wie sein jüngerer Bruder Ernst, Rechtsanwalt in Amstetten.

Ich kann mich nicht entsinnen, dass die beiden je von Pauline erzählt hätten, obwohl sie ihre Schwester war und zweifellos zu ihrem kleinen Paradies gehörte. Auch von den anderen Schwestern, Anna, Käthe und Josefine, Pepa gerufen, war in Amstetten nie die Rede. Jedenfalls nicht in meiner Gegenwart. Pauline Bast wurde 1875 in Tüffer geboren, sie war das zweitälteste von insgesamt acht Kindern.

Der kleine Ort Tüffer, slowenisch Laško, zwölf Kilometer südlich von Cilli, Celje, gelegen, gehörte bis 1918 zum österreichischen Kronland Herzogtum Steiermark, dessen südliche Regionen Untersteiermark genannt wurden. Nach dem verlorenen Krieg fiel die mehrheitlich von Slowenen bewohnte Untersteiermark, slowenisch Štajerska, so wie das benachbarte Kronland Krain mit Ljubljana, Laibach, als Zentrum, an das neu entstandene Königreich der Serben, Kroaten und Slowenen, kurz SHS-Staat genannt, das 1929 in Königreich Jugoslawien umbenannt wurde. 1927 erhielt Laško das Stadtrecht. Die Situation der deutschsprachigen Untersteirer verschlechterte sich 1918 von einem Tag auf den anderen. Plötzlich waren sie nicht mehr die Herren – was sie deutlich zu spüren bekamen.

Im April 1941 marschierten die Hitlertruppen in Jugoslawien ein und begannen mit einer brutalen Germanisierung der gemischtsprachigen Untersteiermark. Zahlreiche Slowenen wurden enteignet und vertrieben. Andere wurden nur auf den leisen Verdacht hin, sich der Germanisierung und überhaupt der deutschen Zwangsherrschaft wider-

Pauline 1909

setzen zu wollen, in Konzentrationslager gesteckt, in denen viele ermordet wurden oder elend zugrunde gingen. Mit Fortschreiten des Krieges gewannen die kommunistischen Partisanen auch in den slowenischen Gebieten zunehmend an Boden; sie verübten zahlreiche Sabotageakte und bewaffnete Aktionen, worauf die Deutschen hilflos mit immer blutigeren Repressionsmaßnahmen reagierten. Massenerschießungen und Vertreibungen waren an der Tagesordnung.

Das Schweigen über Pauline, auch Paula oder, slowenisch, Pavla genannt, erschien mir, je mehr ich über sie in Erfahrung brachte, umso bemerkenswerter, da sie als Einzige meiner Familie väterlicherseits nach dem Zweiten Weltkrieg in der untersteirischen Heimat auf tragische Weise zu Tode gekommen war. Auch darüber haben mein Großvater und sein Bruder, in dessen Haus in Amstetten ich viel Zeit verbrachte, mir gegenüber nie ein Wort verloren. Als hätte die Schwester nie existiert. Wollten sie mich als Kind schonen und mir die grausame Geschichte ihres Verschwindens und Todes ersparen? Oder schämten sie sich ihrer, weil sie offenbar keine überzeugte Nationalsozialistin, also in ihren Augen eine Außenseiterin war?

Ich habe vor fünfzehn Jahren ein Buch über meine Familie geschrieben, in dessen Mittelpunkt mein Vater steht, Gerhard Bast, SS-Offizier und leitender Beamter der Gestapo. Darin äußere ich die Vermutung, dass Pauline ins Bast-Grab gelegt wurde, das ich auf dem Friedhof von Tüffer vergeblich gesucht hatte. Das Grab ist verschwunden, vielleicht wurde es bei einem Bombenangriff zerstört, oder, wahrscheinlicher, die Partisanen haben im ersten antideutschen Furor den Stein zerschlagen und entfernt.

Ein Universitätsprofessor aus Graz wies mich Jahre nach Erscheinen des Buches darauf hin, dass meine Darstellung wahrscheinlich falsch sei, es scheine viel dafür zu sprechen, dass meine Großtante einen gewaltsamen Tod fern ihres Wohnortes erlitten habe und irgendwo im Umkreis von Hrastovec verscharrt worden sei. Er nannte mir den Artikel eines slowenischen Historikers, der sich mit der düsteren Geschichte von Hrastovec beschäftigt.

Hrastovec. Schloss Hrastovec, zu Deutsch Gutenhaag oder Gutenhag, ein Besitz der Familie Herberstein, in den

Slovenske gorice, den Windischen Büheln, in der Nähe von Lenart im Bezirk Maribor, Marburg. Das Schloss hat eine weit zurückreichende düstere Geschichte, denn im 17. Jahrhundert waren hier über vierzig Frauen als Hexen gefoltert und anschließend auf dem Scheiterhaufen verbrannt worden. Ein Massaker an unschuldigen Frauen in der frühen Neuzeit. Im Mai 1945 wurde das Schloss, dessen Besitzer, Gundiger Herberstein, kurz zuvor mit seiner Familie nach Österreich geflüchtet war, von jugoslawischen Partisanen besetzt. Noch im selben Monat wurde auf der malerisch auf einem Hügel über dem gleichnamigen Weiler gelegenen Burg von der kommunistischen OZNA, Abteilung für Volksschutz, ein provisorisches Konzentrationslager errichtet. Einer der Verantwortlichen für das Lager war ein gewisser Bogdan Hrovat, genannt *Puklasti Miha,* Buckliger Miha, bekannt für seine Grausamkeit. Vom Buckligen Miha sagte ein führender OZNA-Mann später in seinen Erinnerungen, dass er »eher Patient einer psychiatrischen Anstalt als Leiter eines Lagers sein sollte«. Nach Hrastovec wurden Menschen aus verschiedenen Regionen Sloweniens gebracht, Gottscheer und andere Angehörige der deutschen Minderheit, etwa aus Laško und dem Prekmurje, Übermurgebiet, aber auch Angehörige der ungarischen Minderheit von dort sowie Serben und Kroaten, nicht zu vergessen Einheimische aus dem nahe gelegenen Lenart.

Zahlreiche Internierte, vor allem Slowenen, die man der Kollaboration mit den Deutschen und anderer Verbrechen gegen die slowenische Nation bezichtigte, wurden gleich im Mai 1945 von Hinrichtungskommandos in der Umgebung von Hrastovec liquidiert, im *Črni les,* im Schwarzen Wald, der sich zwischen Hrastovec und der drei Kilometer entfernten Ortschaft Voličina erstreckt, ein schöner Mischwald, Eichen und Hainbuchen. Doch auch in Hrastovec selbst gab es Erschießungen. Dort dienten unter anderem die unterhalb des Schlosses liegenden Fischteiche als Grabstätten. Man leerte einen Teich und verscharrte die Leichen im Schlamm, dann wurde das Wasser wieder eingelassen – die provisorische Totengrube war verschwunden. Die Erschießungen erfolgten in der Regel ohne Gerichtsverfahren und ordentliches Urteil. Oft genügte ein Verdacht, eine willkürliche Denunziation. In der Literatur wird manchmal, reichlich euphemistisch, um nicht zu sagen zynisch, von »außergerichtlichen Tötungen« gesprochen.

Einheimische berichteten noch Jahre später, dass das Wasser in den Teichen, dort wo die Leichen lagen, im Umkreis von ein paar Metern nicht gefror, obwohl die Winter sehr kalt waren. Gläubige Menschen sahen darin einen Fingerzeig Gottes und entzündeten jahrelang bei den Teichen Kerzen. Ein gewisser Edo Kurnik, dessen Bruder Slavko in Hrastovec ums Leben gekommen war, berichtete, dass Anfang der achtziger Jahre des vorigen Jahrhunderts die Überreste der Hingerichteten aus den Schlossteichen geborgen und mit Lastwagen in die Gießerei von Maribor gebracht wurden.

Warum in die Gießerei? Ich vermute, man wollte im Schmelzofen die Spuren der sogenannten außergerichtlichen Tötungen beseitigen und damit die Opfer für immer spurlos verschwinden lassen. Nicht gedacht soll ihrer werden.

Meiner Großtante Pauline blieb dieses Schicksal erspart, sie starb in Hrastovec an den Folgen der unmenschlichen Bedingungen, an Hunger und Erschöpfung, vielleicht an einer der im Lager grassierenden Krankheiten. Aufgrund der verheerenden hygienischen Zustände breiteten sich unter den

Gefangenen Diarrhö und Paratyphus aus. Im Schloss gab es keinen elektrischen Strom und kein Wasser, dieses mussten die Gefangenen unter strenger Bewachung von einer zwei Kilometer entfernten Quelle holen. Im Hof des Schlosses stand zwar ein Brunnen, doch aus dem durften nur die Bewacher Wasser schöpfen. Die Hauptnahrung der Häftlinge bestand, laut Berichten von Überlebenden, aus alten, madigen Bohnen oder Erbsen und einem kleinen Stück Brot. Es gab zweimal am Tag etwas zu essen, in der Früh eine wässrige Suppe und ein kleines Stück Brot, und am Nachmittag gekochte Bohnen oder Erbsen, die kaum genießbar waren. Das Brot wurde auf demselben Wagen gebracht, mit dem man die Toten wegschaffte. Eine Überlebende aus der kleinen deutschsprachigen Ortschaft Füchselsdorf, Fikšinci im Prekmurje, damals vierzig Jahre alt, erinnert sich Jahre später an den Aufenthalt im Lager.

»Dort war es furchtbar. Die hygienischen Verhältnisse waren schrecklich, eine Unmenge Läuse und Flöhe. Man wühlte im Abfallhaufen und fand manchmal noch etwas Essbares. Die Toten wurden an den Füßen über die lange Stiege heruntergezogen, sodass der Kopf jedes Mal laut aufschlug.«

Rund um das Schloss mit hohen, unüberwindbaren Mauern gab es einen scharf bewachten Stacheldrahtzaun. Im Zaun befand sich das erste Tor. Das zweite war das alte Schlosstor. Auch dieses war von Posten bewacht. Im Lager befanden sich auch viele Kinder und alte Menschen, die den unmenschlichen Bedingungen als Erste zum Opfer fielen.

Ich habe Schloss Hrastovec ein paarmal besucht. Bei meinem ersten Besuch im Jahr 2006 fand ich das Schlosstor fest verschlossen, einer neben dem Tor angebrachten

Tafel entnahm ich, dass es als Anstalt für geistig behinderte Menschen geführt wurde. Alles Läuten (einer Klingel, von der ich nicht annahm, dass sie funktionierte) und Klopfen war vergebens, das Tor blieb verschlossen, ringsum war keiner zu sehen.

Bei meinem zweiten Besuch im September 2018 fuhr ich über eine Landstraße von Maribor in Richtung Lenart. Eine hügelige Landschaft, viel Mais, viele Wiesen, ein wenig Wein. Ich überquerte dreimal ein Flüsschen namens Pesnica, das durch die anhaltenden Regenfälle zu einem reißenden braunen Sturzbach angeschwollen war. Vor dem Städtchen Lenart bog ich nach rechts ab in Richtung Voličina. In Spodnja Voličina, Unter-Wellitschen, eine schöne große Kirche, dem heiligen Rupert geweiht; der Friedhof, auf dem meine Großtante in einem Winkel verscharrt wurde, ohne Grab, so dass heute niemand mehr zu sagen vermag, wo sie liegt, befindet sich vor dem Dorf, auf einem steilen Hang. Von Voličina nach Hrastovec führt eine schmale, von Schlaglöchern übersäte Straße, das letzte Stück steil bergab durch den Schwarzen Wald, wo im Mai 1945 Erschießungen stattgefunden hatten. Dann sah ich schon auf der Anhöhe das mächtige weiße Schloss, davor die Teiche, mit Grün bewachsen, Wasserlinsen, Seerosen, gesäumt von Schilf und Stauden. Rund ums Schloss viele Nussbäume, Buchen, Akazien, Linden, Birken. An der schmalen Straße zum Schloss stand ein kleines Wächterhäuschen, in dem ein älterer Mann saß. Als ich ihn fragte, ob ich das Schloss besichtigen dürfe, lächelte er freundlich und machte eine einladende Handbewegung. »Nur zu«, sagte er, »Sie können sich im Schloss frei bewegen.«

Anders als bei meinem ersten Besuch stand das Tor weit offen. Eine Tafel neben dem Tor informierte darüber, dass in

Hrastovec eine offene Anstalt für geistig Behinderte untergebracht war. Aus einem Neubau nebenan hörte ich Schreie. Der große Innenhof war überraschenderweise nicht quadratisch oder rechteckig, sondern völlig unregelmäßig und verwinkelt, in der Mitte des Hofs standen mächtige alte Bäume, die ich nicht kannte. Später versuchte ich sie mit Hilfe einschlägiger Literatur zu bestimmen und kam anhand des Laubes und der kapselartigen Früchte, von denen ich einige mitgenommen hatte, zur Auffassung, dass es sich vermutlich um Chinesische Blauglockenbäume, auch Kaiserbäume genannt, handelte. Gewiss waren sie von einem der adeligen Schlossbesitzer gepflanzt worden.

Bei meinem Rundgang entdeckte ich die lange Treppe, über die angeblich die Toten heruntergezogen wurden, wobei die Schädel auf jeder Stufe aufschlugen. Eine peinigende Vorstellung. Auf einem der Dächer war eine große Uhr angebracht, ohne Zeiger. Im Hof tummelten sich Insassen und Personal, entlang der Wände waren Autos geparkt. In einer Tür stand eine junge Frau und trank aus einem Plastikbecher Kaffee, sie musterte mich aufmerksam. Als ich sie grüßte, hob sie den Becher und nickte freundlich. Sie war hier als Pflegerin beschäftigt.

Ein Insasse, zirka fünfzig, groß gewachsen, rotes T-Shirt, stand grinsend neben uns. Als ich weiterging, schloss er sich mir an, er schritt seltsam vornübergebeugt und sprach in einem fort, doch so undeutlich, dass ich kaum etwas verstand. »Guten Tag, wie geht es Ihnen?« Er reichte mir die Hand. Mit einem vorsichtigen Blick auf die Pflegerin fragte er leise, ob ich zwei Euro für ihn hätte. Ich steckte ihm heimlich die gewünschte Münze zu und schaute mich weiter um. Hinter dem Schloss fand ich einen schwarzen Gedenkstein mit einer Inschrift in slowenischer und ungarischer Sprache zum Gedenken an die mehr als fünfhundert Ungarn aus dem Prekmurje, die 1945 in Schloss Hrastovec interniert waren.

»MIÉRT? …
… MAGYAR VOLTÁL EZÈRT.«
Márai Sándor
(Warum? …
… Weil du ein Ungar warst.)
Sándor Márai

An dem Gedenkstein lehnten zwei Kränze, daneben standen ein paar Grablichter in roten Plastikvasen.

Unterhalb des Schlosses entdeckte ich einen Stein mit einer allgemein gehaltenen Inschrift für die Opfer des Jahres 1945. Für die Angehörigen der deutschen Minderheit, Altösterreicher, unter ihnen meine Großtante Pauline, fand ich kein Andenken. Das Thema ist offenbar immer noch heikel, das offizielle Österreich hält sich lieber davon fern. Nur nichts aufrühren, nur keine unangenehmen Diskussionen. Wer schweigt, hat wenig zu sorgen, sagte Johann Wolfgang von Goethe.

Die Teiche am Fuß des Schlossbergs hoben sich kaum ab von der dicht bewachsenen Umgebung; Sträucher, Weiden, bis zu den Schultern reichende Gewächse, Brennnesseln und Gruppen hochragender Büsche, wie kleine Bäume, die Blätter ähnlich einem Huflattich, und zahllose andere, mir unbekannte Pflanzen, die ein beinahe undurchdringliches Dickicht bildeten. Den Zutritt zu den Teichen versperrte eine Barriere von Schilf und Rohrkolben. Auch die Oberflächen der Teiche waren dicht verkrautet, Wasserlinsen, Seerosen, Laichkraut, alle möglichen Liliengewächse. In einem der Teiche zog eine Entenfamilie ihre Kreise, die

Alten voran, dahinter, aufgefädelt wie eine Perlenschnur, die Jungen.

Ich wollte eruieren, wann und von wem Pauline in Tüffer, das nun wieder Laško hieß, festgenommen und nach Hrastovec gebracht worden war. War sie allein gewesen, oder hatte sie ihr Schicksal mit anderen deutschsprachigen Bürgern des kleinen Marktfleckens geteilt? Bei verschiedenen Besuchen in Laško habe ich immer wieder diese Fragen gestellt, doch keiner schien Genaueres zu wissen. Weder Tag noch Uhrzeit, nicht einmal den Monat konnten die Befragten nennen. Alle berichteten bloß übereinstimmend, es sei irgendwann im Sommer 1945 gewesen. Es war Sommer. Ein heißer Tag. Mehr kann ich nicht sagen. Wir hatten Angst, weil wir nicht wussten, was der nächste Tag bringen würde.

Am 12. Mai sind die ersten jugoslawischen Partisanen in die Stadt einmarschiert. Angehörige der Črnogorske Partizanske Brigade, der Montenegrinischen Partisanenbrigaden, und mit ihnen slowenische Partisanen, die seit Monaten in den dichten Wäldern um Laško operiert und den Deutschen hohe Verluste zugefügt hatten. Mit der Machtübernahme durch die Partisanen änderte sich das Leben in Laško schlagartig. Nichts war mehr so wie vorher. Alle deutschen Aufschriften und Tafeln mussten unverzüglich entfernt werden, und es war verboten, in der Öffentlichkeit Deutsch zu sprechen. Den Deutschen, die sich fünf Jahre lang brutal und arrogant als allmächtige Herrscher aufgespielt und die Slowenen drangsaliert hatten, drohte nun dasselbe Schicksal. Natürlich hatten sich nicht alle schuldig gemacht, doch danach fragte jetzt keiner. Es wurde kein Unterschied gemacht, so wie die Deutschen bei ihren blutigen Repressionsmaßnahmen keine Unterschiede gemacht hatten. Wer

Slowene war, war von vornherein schuldig. Nun schlug das Pendel in die andere Richtung aus. Nun waren die Angehörigen der deutschen Minderheit dran.

Es war ein fataler Kreislauf. Bis zum Ersten Weltkrieg übten die deutschsprachigen Bürger in der Untersteiermark die Vorherrschaft aus und versuchten mit allen Mitteln, den Slowenen die Gleichberechtigung zu verwehren, was dazu führte, dass sich das Klima zwischen den beiden ethnischen Gruppen zunehmend verschlechterte. 1919 kamen die Slowenen an die Macht, und die Deutschen beziehungsweise deutschsprachigen Bürger mussten um ihre Positionen bangen, Lehrer und Beamte wurden in vielen Fällen entlassen, viele verließen Hals über Kopf das Land. 1941 überfiel Hitler Jugoslawien und gab als Erstes den Befehl, die Untersteiermark »wieder deutsch zu machen«, ohne Rücksicht auf die slowenische Bevölkerung. 1945 wendete sich das Blatt abermals, was faktisch das Ende der deutschen Minderheit in der ehemaligen Untersteiermark bedeutete. Im Verlauf all dieser Jahre waren die Möglichkeiten eines friedlichen Zusammenlebens kaum jemals ernsthaft in Betracht gezogen und ausprobiert worden. Wer dafür plädierte, wurde von den Angehörigen der eigenen ethnischen Gruppe rasch als Verräter abgestempelt.

So war das in den meisten gemischtsprachigen Gebieten in Europa. Ein blinder Nationalismus und gegenseitige Ablehnung, oft Hass, regierten. Durch ihre verbrecherische und rücksichtslose rassistische Volkstumspolitik haben die Deutschen eigenhändig den Untergang der deutschen Minderheiten in Ost- und Südosteuropa vorbereitet und verschuldet.

Ich habe mit vielen Menschen in Laško gesprochen, die diese Zeit erlebt haben. Keiner will wissen, wer die alte Frau aus ihrem Haus gezerrt hat und auf welche Weise sie abtransportiert wurde. Sie war nicht die Einzige, die an diesem Tag aus Laško ins Lager Hrastovec gebracht wurde. Hat sie Widerstand geleistet? Hat sie geweint und ihre Unschuld beteuert, oder hat sie sich still und resigniert in ihr Schicksal gefügt? Vermutlich wurden die Gefangenen mit dem Zug nach Maribor gebracht und von dort weiter mit Lastwagen oder Bussen bis Hrastovec. Wurden sie in Laško, in Celje oder in Maribor verhört, bevor man sie weiterschickte? Haben die Häftlinge aus Laško gewusst, wohin sie transportiert wurden? Waren die Lastwagen oder Busse, die sie nach Hrastovec bringen sollten, offen, sodass sie in die Gegend schauen konnten, oder waren sie mit Planen verdeckt? Waren bei den Bussen die Fenster verhängt, um die Gefangenen im Ungewissen zu lassen, wohin die Fahrt ging? Hat sich eine der Wachen einen Hinweis hinsichtlich des Zielortes entlocken lassen? Eine kurze, hingeworfene Bemerkung? Das glaube ich eher nicht. Es ist zu hoffen, dass Pauline auf dieser Fahrt ins bedrohliche Ungewisse Bekannte oder Freunde fand, die sich um sie kümmerten, ihr beim Auf- und Absteigen halfen, mit ihrem Gepäck. Was durften die Häftlinge mitnehmen? Vermutlich nur das Nötigste.

Anfangs rätselten die Leute, wohin Pauline und die anderen Deutschen aus Laško gebracht worden waren. Verschiedene Vermutungen wurden geäußert, hinter vorgehaltener Hand. Fragen zu stellen war nicht opportun. Das hätte man als Sympathie für die Deutschen auslegen können. Erst einige Zeit später, lang nach ihrem Tod, erfuhr man in Laško, dass Pauline nach Hrastovec gebracht worden war, eines von vielen damals errichteten Konzentrationslagern für sogenannte Staatsfeinde. Das Lager existierte nur ein paar Monate, dann wurde es aufgelöst. Die Überlebenden wurden von den Bewachern ohne weitere Erklärung aus dem Lager getrieben. Meine Großtante Pauline war nicht unter ihnen.

Manche glauben sich zu erinnern, dass es junge Burschen waren, die Pauline aus ihrem Haus holten, fast noch Kinder, mit geschulterten Karabinern, beinahe so groß wie sie selber. Sie seien keine Fremden gewesen, keine Montenegriner, sondern Hiesige, Slowenen. Aus Laško oder einem der umliegenden Dörfer, junge Bauernburschen, Knechte, Landarbeiter, kleine Angestellte, die die ihnen unvermutet zugefallene Macht in vollen Zügen auskosten wollten. Die mit Stolz getragenen Waffen verliehen ihnen Selbstsicherheit, ja Selbstherrlichkeit. Plötzlich waren sie die Herren, konnten über Leben und Tod entscheiden, konnten andere schinden, sie ihrer Habe berauben, sie sogar töten, ohne sich dafür verantworten zu müssen. So war das in den ersten paar Wochen und Monaten nach dem Zusammenbruch der nationalsozialistischen Herrschaft. Die Partisanen hatten die Macht übernommen, doch anfangs regierte die Faust, und sie waren überzeugt, straflos Rache nehmen zu können an den Unterdrückern, wobei nicht scharf zwischen Schuldigen und Unschuldigen unterschieden wurde. In diesen Zeiten wurden zahlreiche offene Rechnungen beglichen, oft lagen den Denunziationen persönliche Animositäten zugrunde, manchmal war primitive Habgier das Motiv. Wenn einem das Haus oder ein schönes Feld des Nachbarn ins Auge stach, konnte er der Verlockung erliegen und zum Denunzianten werden, um an den Besitz zu gelangen. Oft genügte eine willkürliche Anschuldigung, eine böse Bemerkung, um ein Menschenleben zu vernichten.

Präzisere Angaben über das Verschwinden Paulines aus Laško, wo sie ihr ganzes Leben als angesehene Bürgerin und Besitzerin eines stattlichen Hauses auf dem Hauptplatz verbracht hatte, kann keine meiner Auskunftspersonen machen. Alles alte Leute. Ich weiß nichts. Ich kann dazu nichts sagen. Tut mir leid. Achselzucken, ratlos ausgebreitete Hände, ein hilfloses, verschämtes Lächeln.

Nur das Todesdatum von Pauline steht zweifelsfrei fest. Der Totengräber Franc Kurnik aus der Ortschaft Voličina bei Hrastovec hat heimlich Aufzeichnungen über die ihm übergebenen Todesopfer des Konzentrationslagers geführt, auf einfachen Zetteln. Meist stehen da nur die Namen und das Datum des Begräbnisses auf dem Friedhof von Voličina, wo die Opfer in einer Ecke verscharrt wurden, ohne Kreuz und Grabstein, sodass heute niemand sagen kann, wo genau sie liegen. In diesen Aufzeichnungen findet sich auch meine Großtante Pauline.

23.8.1945	*dve moški trupli v eni krsti iz Hrastovca (pok. pod Rusom)* zwei männliche Leichen aus Hrastovec in einem Sarg (begraben unter einem Russen)
23.8.1945	*Ljutomer, Marija Berminje (dvor)* Marija Berminje aus Ljutomer (Hof)
26.8.1945	*Pavla Drolc iz Laškega* Pavla Drolc aus Laško

Pavla Drolc aus Laško. Pauline Bast, verehelichte Drolc, auch Paula oder, slowenisch, Pavla genannt. Nicht von allen Opfern konnte der Totengräber die Namen feststellen, dann wurden sie anonym in die Grube gelegt, oft ohne Sarg. Wie der oben genannte Russe. Wie kam er nach Hrastovec? Auf welche Weise kam er zu Tode? Warum?

19.8.1945: zwei weibliche Leichen mit einem Kind aus Hrastovec (aus Laško). In Hrastovec landeten zahlreiche Menschen aus Laško.

Pauline Bast hatte 1925 den Slowenen Franc Drolc geheiratet, wie sie ein geachteter Bürger des Marktes, der zwei Jahre später das Stadtrecht erhalten sollte; Drolc war Leiter des Kirchenchores, Organist und Mesner der Hauptpfarrkirche zum heiligen Martin. Er wurde von allen Organist Drolc genannt, und auch er selber unterschrieb stets nur mit seinem Familiennamen. Die jüngeren Verwandten aus Amstetten nannten ihn bei Besuchen in Tüffer schlicht Onkel Drolc. Nie wurde er mit seinem Vornamen angesprochen. Als hätte er keinen. Er wurde allgemein geachtet und geschätzt, auch von der angeheirateten Bast-Verwandtschaft, obwohl man in der Familie mehrheitlich radikal deutschnational, später fanatisch nationalsozialistisch gesinnt war und in den Slowenen pauschal eine Gefahr sah, der die Deutschen energisch begegnen müssten, um sich in den gemischtsprachigen Gebieten der Untersteiermark behaupten zu können. Onkel Drolc war von diesem Hass ausgenommen, so wie einige slowenische Nachbarn und Freunde, manche Spielgefährten aus Kindertagen. Sie waren Slowenen, aber vor allem Unsrige, aus demselben Ort gebürtig, aus dem Nachbarhaus.

Für Drolc war es die zweite Ehe. Seine erste Frau, Frančiška, mit der er zehn Kinder hatte, ist 1919 gestorben. Wo war der Organist Drolc, als seine Frau Pauline von den Partisanen abgeführt wurde? War er damals überhaupt in Laško? Hielt er sich im Bast-Haus auf, wo er mit seiner Frau und einem großen schwarzen Hund namens Nero lebte? Hat er den Hund eingesperrt, als die jungen Partisanen ungestüm ans Tor hämmerten, aus Angst, sie könnten das treue Tier erschießen, wenn es bellte? Hat er den Partisanen gegenüber protestiert? Ich möchte euren Vorgesetzten sprechen! Was habt ihr meiner Frau vorzuwerfen? Sie hat sich nie etwas zuschulden kommen lassen.

Oder zog er es vor zu schweigen? Als ein Mann mit engen Verbindungen zur katholischen Kirche und somit (in den Augen der kommunistischen Partisanen) ein finsterer Reaktionär, beinahe ein Volksfeind, hatte er allen Grund, sich mit Kritik an den Partisanen und ihren Entscheidungen zurückzuhalten. Nur zu leicht konnte er selber in Hrastovec oder einem anderen Lager landen. Möglicherweise bewahrte ihn nur die Tatsache vor diesem Schicksal, dass im September 1942 sein unehelicher Sohn Dušan als Mitglied der kommunistischen Partisanen in der Gottschee, slowenisch Kočevje, von den Italienern getötet worden war. Ein Volksheld. Dieser Ruhm strahlte auch auf den Vater ab und wirkte wie ein Schutzschild.

Insgesamt sollen auf dem Friedhof von Voličina 31 Opfer des Lagers Hrastovec liegen, die zwischen dem 10. und 28. August 1945 zu Tode kamen. Für sie hat der Totengräber Franc Kurnik nach eigenen Angaben siebzehn Gruben ausgehoben. Ich habe auf dem Friedhof von Voličina vergeblich nach Spuren der Totengruben gesucht.

Am 8. November 1945 schreibt der jüngste Bruder von Pauline, Ernst Bast, mein Onkel Ernst, an seine Kanzleileiterin Elsa Perbel, die vor dem Krieg und noch während des Krieges oft in seiner Begleitung und auch allein Tüffer besuchte:

»Von Gusti erhielt ich Dienstag den 6. November einen kurzen Brief vom 17. Oktober, in dem er mitteilt, daß er gesund und wieder in Tüffer ist. Er war mit den übrigen Volksdeutschen von Mitte Juni bis Anfang September in

Gutenhaag bei Marburg interniert; auch meine 72-jährige Schwester Pauline war ebenfalls interniert, sie hielt die Behandlung nicht aus und starb am 24. August.«

Was das Alter der Schwester angeht, irrt der Bruder, erstaunlich für einen Rechtsanwalt, den seine Umgebung als pedantisch und als Genauigkeitsfanatiker kennt. Pauline wurde am 26. Februar 1875 in Tüffer geboren, war also zum Zeitpunkt ihres Todes siebzig Jahre alt.

Am 19. 3. 1946 ergänzt Ernst Bast die knappen Informationen über den Tod seiner Schwester in einem Brief, abermals gerichtet an seine Kanzleileiterin Elsa Perbel:

»Von Hedi (Tüffer) erhielt ich aus Velden einen an Onkel Rudi gerichteten Brief, in dem sie mitteilte, daß sie bis zuletzt mit Pauline zusammen war und ihr noch die Augen zugedrückt hat.«

Onkel Rudi ist mein Großvater Rudolf Bast. Wer die genannte Hedi ist, konnte ich nicht eruieren.

Wenn man Ernst Bast diesmal glauben darf, ist Pauline also am 24. August 1945 gestorben. Zwei Tage später wurde sie auf dem Friedhof von Voličina notdürftig begraben. Eingegraben. Verscharrt. Nun wissen wir auch mit einiger Gewissheit, wann sie deportiert wurde: Mitte Juni 1945. Einige Gefangene, wie der erwähnte Gusti, mit vollem Namen Ingenieur Gustav Schmidinger, ebenfalls aus Laško gebürtig, der Schwager von Ernst Bast, wurden wieder entlassen, andere, wie Pauline Drolc, geborene Bast, kamen zu Tode.

Ist es legitim, über den unnatürlichen Tod von Pauline Bast-Drolc zu berichten, über die grausame Behandlung, die sie in Hrastovec durch die jugoslawischen Partisanen erfuhr? Riecht das nicht nach Revanchismus, nach dem Bemühen, die Verbrechen der Deutschen gegen die der jugoslawischen Partisanen aufrechnen und sie auf diese Weise relativieren zu wollen? Ich habe mir diese Frage oft gestellt und daher auch lange gezögert, mich mit dem Schicksal meiner Großtante auseinanderzusetzen und zu versuchen, ihre Geschichte zu erzählen. Aber ich bin davon überzeugt, dass wir heute alle Geschichten erzählen können, vielleicht sogar müssen, ohne Zorn und Eifer, ohne etwas zu verschweigen oder auszublenden, ohne auch nur ansatzweise den Versuch zu unternehmen, die unfassbaren Verbrechen, derer wir uns als Nachkommen schämen, die uns schlaflose Nächte bereiten, auf irgendeine Weise abschwächen zu wollen.

Wir können uns noch so bemühen, die Verbrechen, die in meinem Fall die eigenen Angehörigen – mein Vater, mein Onkel und mein Großvater – begangen haben, durch die Verbrechen anderer gleichsam zu verdecken, zu vertuschen, zu exkulpieren. Schaut her, die anderen waren nicht besser, sie haben genauso schlimm gehaust. Das funktioniert nicht. Ich weiß, wie schmerzlich und gleichzeitig wichtig es ist, die Geschichte der nächsten Verwandten nachzuzeichnen, die schon als sogenannte Illegale, vor dem März 1938, für die Errichtung des nationalsozialistischen Regimes und die Zerstörung Österreichs kämpften. Radikale Antisemiten und Antislawen, Antislowenen, obwohl sie privat manchmal mit Slowenen befreundet waren. Das eine hatte kurioserweise mit dem anderen wenig zu tun. So wie sie auch einen Halbjuden, um die Sprache der damals geltenden Nürnberger Gesetze zu gebrauchen, als Familienmitglied betrachteten, das sie liebten und gern einluden. Er gehörte dazu. Er war einer von uns. Das ändert nichts daran, dass sie erbitterte, fanatische Antisemiten waren, was bei meinem Vater so weit ging, dass er als Chef eines Sonderkommandos einer

Einsatzgruppe 1944 in der Slowakei buchstäblich Jagd auf Juden machte, die sich versteckt hatten.

Diese Verbrechen dürfen auf keinen Fall kleingeredet werden. Sonst machen wir uns selber schuldig. Doch das bedeutet für mich nicht, dass ich nicht auch die tragische Geschichte meiner Großtante Pauline erzählen dürfte, die meines Wissens keine Schuld auf sich geladen hat. Und doch wurde ausgerechnet sie von slowenischen Partisanen festgenommen und in ein Konzentrationslager gesperrt, wo sie elend zugrunde ging.

Ich weiß nicht, wann mir der Gedanke kam, der Geschichte Paulines nachzugehen. Von ihrer Existenz erfuhr ich erst spät, von ihrem gewaltsamen Tod noch viel später. Allein die Tatsache, dass sie meine Großtante war, reicht als Erklärung für meine Suche nicht aus. Sie war, alles in allem, eine durchschnittliche Frau, die den kleinen Ort Tüffer, slowenisch Laško, kaum jemals verließ. Sie lebte von ihrer Geburt bis kurz vor ihrem Tod im Elternhaus. Sie war, nach dem, was ich über sie in Erfahrung bringen konnte, eine schüchterne, introvertierte Person, die in den letzten Jahren ihres Lebens kaum mehr aus dem Haus ging. So erzählen es slowenischen Freunde und Bekannte, die sich an Tante Pauline erinnern.

Hatte sie Angst vor der slowenischen Umgebung, vor den Mitbürgern und Nachbarn, von denen viele die Deutschen, ausnahmslos alle Deutschen, mit gutem Grund hassten? Oder waren andere, eher private Gründe für ihr Verhalten ausschlaggebend? Das werde ich vermutlich nie mehr erfahren. In der Erzählung über sie werden für immer zahlreiche weiße Flecken bleiben, weil keiner mehr da ist, den ich fragen könnte, um sie auszufüllen. Wie so oft habe ich viel zu spät damit begonnen, Fragen zu stellen.

Die Möglichkeit, die Geschichte Paulines zumindest in groben Zügen nachzuzeichnen, hat sich mir erst vor ein paar Jahren eröffnet, als ich durch einen glücklichen Zufall in den Besitz eines Teils des Nachlasses meines Großonkels Ernst aus Amstetten gelangte, in dem sich auch Fotografien und Briefe von Pauline und andere für das Verständnis ihres Schicksals wichtige Materialien fanden.

Pauline ist still und heimlich aus Tüffer verschwunden, ihre Verhaftung und Deportation in das Konzentrationslager Hrastovec erregte wenig Aufsehen, in jenen Tagen wurden zahlreiche Deutsche festgenommen und verschleppt, in ein Gefängnis gesteckt, in ein Lager, viele wurden an Ort und Stelle liquidiert, ohne dass jemand protestiert hätte. Auch nicht die slowenischen Nachbarn. Die Wut gegen die Deutschen war übermächtig. Und viele Slowenen waren mit ihren eigenen Opfern beschäftigt, deren Schicksal in vielen Fällen ungewiss war. Am 16. Juni, ungefähr zur selben Zeit, da Pauline von jungen Partisanen aus ihrem Haus geholt wurde, publizierte die neu gegründete Zeitung *Nova pot,* Neuer Weg, herausgegeben in Celje, eine ganze Seite mit Suchanzeigen besorgter Verwandter, die um Nachricht ersuchten.

»Mein Sohn Babič Dominik, geboren am 10. Juli 1921, wurde am 12. Juli 1944 zu den Partisanen einberufen und hat sich seither nicht mehr gemeldet. Wer etwas über ihn weiß, möge seine Mutter Babič Marija verständigen, Trbovlje 2, Sv. Marko 5.«

Der Bergbauort Trbovlje liegt nicht weit von Laško entfernt. Für Pauline gab niemand so eine Anzeige auf, das war unter den gegebenen Umständen gar nicht möglich. Die Angehörigen in Amstetten ahnten, dass ihr Schlimmes widerfahren war, doch Gewissheit hatten sie keine. Es sollte Monate dauern, bis ihr Bruder Ernst durch Augenzeugen von ihrem Tod in Hrastovec erfuhr.

Ernst Bast, mein Onkel Ernst, obwohl er in Wahrheit natürlich mein Großonkel war, wurde in der Familie Nesti genannt, ein Kosename, der ihm in seiner Jugend in Tüffer verliehen wurde. Nesti oder verkleinert Nesterl. Er hatte mehrere Kosenamen. Netto, Blaž oder eben Nesti. Dieser Name ist ihm bis zum Tod geblieben, er klingt putzig, gemütlich, dabei war sein Träger alles andere als das. Onkel Ernst war nicht umgänglich oder liebenswert, ich jedenfalls habe ihn als schroff und distanziert in Erinnerung. Ein mächtiger Mann mit einem großen, kugelrunden Kopf und einer imponierenden Glatze, die er manchmal mit einem gestrickten Mützchen verdeckte, nicht viel größer als eine jüdische Kippa. Onkel Ernst besaß einen kleinen Hund, eine Hündin, Bibi gerufen, mit schwarz-weißem, glattem Fell, eine Mischung, die er abgöttisch liebte und mit zahllosen Portionen Biskotten, getunkt in Schlagobers, verwöhnte, in Wahrheit brachte er Bibi auf diese Weise langsam um. Biskotten und Schlagobers, dementsprechend sah das Tier aus: eine unförmig dicke Walze auf vier spindeldürren Beinchen, die das Gewicht des gemästeten Körpers kaum zu tragen vermochten. Bibi konnte nett und zutraulich sein, wenn sie wollte, doch meist war sie übel gelaunt und brummig, ähnlich wie ihr glatzköpfiges Herrchen. Onkel Ernst war eine Respektsperson, vor der ich als Kind bisweilen regelrecht Angst hatte.

Ich verbrachte oft eine oder zwei Wochen in seinem Haus. Seine Frau Michaela nannte ich zärtlich Tante Michi, sie verwöhnte mich nach Strich und Faden. Eine herzensgute Person. Onkel Ernst hingegen ging ich lieber aus dem Weg. Wenn er zu Hause wütete, was nicht selten der Fall war, duckten sich alle ängstlich.

Auch Fräulein Perbel, die Kanzleileiterin meines Onkels, wurde von vielen gefürchtet. Sie war eine zänkische, rechthaberische Person mit scharfer Zunge. Fräulein Perbel wohnte im Haus des Onkels, gleich neben der Kanzlei. Immer im Dienst. Sogar Tante Michi schien die kleingewachsene Kanzleileiterin zu fürchten, obwohl Tante Michi die Hausherrin war, wie man damals sagte. Fräulein Perbel anerkannte nur den Onkel als Autorität. Sie war ihm anscheinend blind ergeben.

Fräulein Perbel kannte Pauline, da sie oft in Tüffer zu Besuch war. Die beiden schätzten einander und wechselten Briefe, aus denen sich nicht herauslesen lässt, dass Pauline in irgendeiner Weise ungewöhnlich, auffällig gewesen wäre.

Doch so wurde sie in Tüffer gesehen; sie war als seltsam bekannt, als menschenscheu und verschroben. Dabei wird sie von allen, die sie kannten, als freundlich bezeichnet, als zuvorkommend und hilfsbereit, aber halt sonderbar. Eine sonderbare Person. Sie war schon ein Sonderling. Leute, die sich an Pauline erinnern können, sagen, sie hätten sie nie auf der Straße gesehen, immer nur im Fenster des Bast-Hauses, das sie im Ortszentrum bewohnte. Ihr Zimmer lag im ersten Stock, mit Blick auf die Kirche zum heiligen Martin. Sie stand angeblich oft am Fenster und schaute auf den Platz hinaus, um die Menschen zu beobachten. Im Ort hat man sie in den letzten Jahren nie gesehen, sagen noch lebende Augenzeugen, obwohl das, wie ich aus Paulines Briefen weiß, nicht stimmen kann. Als Tüffer ab Mai 1944 intensiv bombardiert wurde, suchte sie nach eigenen Angaben häufig Schutz außer Haus. Das große Bast-Haus am zentral gelegenen Adolf-Hitler-Platz, wie der Hauptplatz nach dem Einmarsch der Hitlertruppen benannt wurde, schien in dieser Zeit unsicher. Ein leichtes Ziel für die alliierten Bomben.

Marta Jerše ist eine der wenigen Personen, die sagen können, sie haben Pauline manchmal auch in ihrem Haus gesehen und mit ihr ein paar Worte gewechselt. Die ältere, stets dunkel und adrett gekleidete Frau mit einer ordentlichen Frisur habe sie freundlich gegrüßt, habe sich nach ihrem Fortgang in der Schule erkundigt, nach dem Wohlergehen der Eltern, denen sie, bitte schön, die besten Grüße ausrichten solle, dann sei sie in ihrem Zimmer verschwunden. Marta bewohnte mit ihrer Familie ein großes Bürgerhaus in Sichtweite des Hauses von Pauline, das deren Vater, der Gerbermeister Paul Bast, irgendwann in den siebziger Jahren des 19. Jahrhunderts erworben hatte. Kurz darauf ließ er stolz seinen Namen auf die Fassade setzen, um alle Vorbeikommenden wissen zu lassen, wer hier residierte, gleich gegenüber der wuchtigen, beinahe an eine Festung gemahnenden Hauptpfarrkirche zum heiligen Martin.

Paul Bast. Mein Urgroßvater, geboren 1845 in Münstermaifeld im Rheinland. In späteren Jahren wurde das Haus allgemein Bast-Haus genannt, auch für die Slowenen war es die *Bastova hiša*.

Doch das hat für Marta Jerše, damals noch ein Kind, wenig Bedeutung. Wenn sie das Bast-Haus betritt, dann nicht in der Absicht, Pauline zu besuchen. Sie will vielmehr herausfinden, ob Paulines Mann, der Organist Drolc, wieder Hostien gebacken hat. Das Hostienbacken zählt zu den Aufgaben des Organisten, der auch die Stelle eines Mesners in der Kirche innehat, vielleicht hat er sich auch selber erbötig gemacht, die aus Weizenmehl und Wasser und einer Beigabe

Bast-Haus, *Bastova hiša*

von Sauerteig bestehenden und mithilfe eines eigenen Hostieneisens gebackenen Oblaten für den Pfarrer herzustellen. Beim Backen, auf das sich der Organist Drolc trefflich versteht, bleiben stets Reste übrig, die Teigränder, ähnlich wie beim Keksbacken – eine von Kindern heiß begehrte Köstlichkeit, die auch Marta Jerše lockt, von Zeit zu Zeit dem Haus einen Besuch abzustatten. Pauline heißt das Mädchen freundlich willkommen, aber richtig warm wird Marta Jerše mit ihr nicht. Bei dem Organisten Drolc ist das anders, er wird von allen verehrt und unterhält sich gern mit Kindern, für die er ein großes Herz hat. Sein großer schwarzer Hund ist ebenfalls kinderlieb. Doch Pauline? Pauline war nun einmal sonderbar.

Ob sie Slowenisch sprach?

Ja schon, sogar ganz gut, doch sie zog es vor, Deutsch zu sprechen.

Kein Wunder. In der Zeit, in der Pauline in Tüffer aufwuchs, war der kleine Ort überwiegend von Deutschen bewohnt, die meisten Ämter waren von Deutschen besetzt, es gab eine deutsche Volksschule und einen deutschen Kindergarten, deutsche Vereine, eine deutsche Sparkasse. In der Umgebung, in den Dörfern hingegen waren die Slowenen in der Überzahl. Viele Deutsche bemühten sich gar nicht, die Sprache der Mehrheitsbevölkerung über ein paar Brocken für den Alltagsgebrauch hinaus zu erlernen. Diese Haltung sollte sich später bitter rächen.

An die Hostien, die Drolc gebacken hat und deren Reste die Kinder bekamen, erinnern sich auch andere gern. Jože Maček, ein anerkannter Wissenschaftler und dreifacher Doktor, aus einem Dorf in der Umgebung von Laško gebürtig, lange Zeit Professor an der Biotechnischen Fakultät in Ljubljana, erzählt, dass Drolc die Hostien in der Sakristei der Kirche gebacken habe, auf einem Kmečka peč, einem bäuerlichen Kachelofen. Hat er die Reste dann mit nach Hause genommen? Das weiß Professor Maček nicht mehr, nur, dass er selber oft Reste bekommen hat, die köstlich schmeckten. Jože Maček, Jahrgang 1929, arbeitete damals als Gehilfe in einem Laden in Laško und hatte, aus einer gläubigen Familie stammend, oft Kontakt mit dem Organisten Drolc. Er erwähnt auch, dass Drolc dem Wein nicht abgeneigt war. Er war eng befreundet mit einem gewissen Miloš Rybář, später ein bekannter Historiker und Bibliothekar, mit dem er in seiner Funktion als Mesner zu jeder Aufbahrung ging, weil es dort in der Regel zu trinken gab.

Pavel Hrastelj, Jahrgang 1938, war von 1945 bis 1953 Messdiener in der Hauptpfarrkirche von Laško und hatte daher ebenfalls oft mit dem Organisten Drolc zu tun. Wenn er alle Arbeiten erledigt hatte, durfte er unter der Aufsicht von Drolc die Orgel spielen und ihm helfen, die Pedale zu treten. Auch Pavel Hrastelj erinnert sich an die von Drolc gebackenen Hostien und die Reste, die dann die Kinder bekamen. Das war im Bast-Haus, doch Hrastelj hat keine Erinnerung an Pauline, vermutlich war sie damals schon weg, und es wurde über sie nicht mehr gesprochen. Auch er erinnert sich, dass Drolc gern ein Glas oder mehr getrunken hat. Einmal trug Drolc ihm auf, eine Zehnliterflasche mit Apfelwein – richtiger Wein war kurz nach dem Krieg sehr teuer – zu holen. Die riesige Flasche war schwer, und der kleine Pavel konnte sie kaum schleppen. Als er endlich das Bast-Haus erreicht hatte, entglitt ihm die Flasche und zerbrach. Pavel Hrastelj weiß heute noch, dass er ein mächtiges Donnerwetter des Organisten erwartet hatte, doch der tröstete ihn und sagte, um den Wein sei es natürlich schade, doch das sei kein Unglück, das mache nichts …

2

Eigentlich begann die Geschichte ganz harmlos. Paulines Vater, Paul Bast, mein Urgroßvater, trat irgendwann in den sechziger Jahren des 19. Jahrhunderts eine weite Reise an. Der junge Mann, Jahrgang 1845, von Beruf Lederer, verließ die kleine rheinländische Ortschaft Münstermaifeld und machte sich auf nach Süden. Er gelangte bis in die Untersteiermark und ließ sich in Tüffer nieder. Wie in vielen Ortschaften der gemischtsprachigen Region gaben auch in Tüffer, slowenisch Laško, die Deutschen oder Deutschgesinnten den Ton an, während die bäuerliche Umgebung beinahe ausschließlich slowenisch war.

Warum Paul Bast ausgerechnet die Untersteiermark als Ziel wählte, und noch dazu den unbedeutenden, im Rheinland gewiss unbekannten Marktflecken an der Sann, vermochte ich nicht zu eruieren. Vielleicht hatte er auf der langen Reise schon andere Gegenden und Orte auf ihre Eignung geprüft, bevor er sich schließlich für Tüffer entschied. Es ist denkbar, dass ihm das stattliche Haus am Hauptplatz, dem späteren Aškerčev trg, ins Auge stach, dessen Besitzer, ein Slowene, einem Verkauf nicht abgeneigt schien. Das Haus trug den Beinamen vulgo Slanc, doch Paul Bast erwarb es von einem gewissen Franc Tiber, der es vermutlich von einem Metzgermeister und Gastwirt namens Slanc gekauft hatte, dem Vater des 1851 in Tüffer geborenen Juristen und Publizisten Karel Slanc, der sich für ein modernes Schulwesen in der Untersteiermark einsetzte und gegen den übermächtigen Einfluss deutschnationaler Kreise ankämpfte.

Dennoch erinnerte sich der bekannte Publizist später, dass in den 1860er Jahren, in denen er das Gymnasium in Celje, Cilli besuchte, das Zusammenleben der beiden Volksgruppen noch weitgehend friedlich verlaufen war. »Wir lebten … mit den aus den deutschen Gegenden gekommenen Deutschen oder mit den deutsch fühlenden Landsleuten in schönster Kollegialität und Solidarität«, schrieb Slanc 1910 in seinen Erinnerungen. Auch in vielen Vereinen, die sich nicht direkt mit Politik befassten, fanden Mitglieder beider Volksgruppen einträchtig zusammen. Gegen Ende des 19. Jahrhunderts spitzten sich die ethnischen Konflikte dann immer mehr zu, und die Auseinandersetzungen wurden gehässiger, oft auch brutaler. Prügeleien, gegenseitige Störungen von Festlichkeiten, gegenseitiges Anschwärzen und Denunzieren, Verhöhnen und Schlechtmachen vergifteten das Klima. Ein wichtiger Austragungsort für nationale Reibereien, die oft in regelrechte Kämpfe mündeten, war die Schule. Doch trotz aller Pöbeleien war im Alltagsleben weiter ein friedliches Zusammenleben möglich. Auch in Tüffer.

In späteren Jahren wurden die deutsch fühlenden Slowenen, von denen Slanc spricht, nicht mehr so wohlwollend betrachtet. Alle, die sich fürs Deutschtum entschieden oder auch nur deutschfreundliche Tendenzen zeigten, wurden als Verräter, Renegaten und Deutschtümler, slowenisch *nemčurji* oder *nemškutarji,* bezeichnet.

Kurze Zeit nach seiner Ankunft eröffnete Paul Bast im Ortszentrum, gleich hinter seinem Wohnhaus, eine Gerberei. Die Mittel hatte er vermutlich aus dem Rheinland mitgebracht. Er fügte sich problemlos in die deutsche Gemeinschaft ein und brachte es innerhalb weniger Jahre zu Wohlstand und Ansehen.

Bei der Freiwilligen Feuerwehr, einer wichtigen Institution in der kleinen Ortschaft, bekleidete er den Posten eines Spritzenzugführers, später wurde er sogar zum Hauptmann ernannt; wiederholt wurde er als Geschworener ans Kreisgericht Cilli berufen und saß jahrelang in der Gemeindevertretung von Tüffer; dazu versah er verschiedene Ehrenämter in lokalen Institutionen und Vereinen, wie der Bezirks-Krankenkasse, der Tüfferer Ortsgruppe des Deutschen Schulvereins oder dem Tüfferer Verschönerungsverein. Besondere Verdienste erwarb er sich um die Neugestaltung des Friedhofs am rechten Ufer der Sann. Ein allseits geachteter Bürger und stramm deutsch gesinnter Mann.

1872 heiratete er in Cilli die dort 1852 geborene Bürgerstochter Juliane Renier, mit der er acht Kinder hatte, vier Buben und vier Mädchen. Einer Familienerzählung zufolge waren die Reniers aus Laibach, Ljubljana gebürtig und Nachfahren des letzten Dogen von Venedig. Solche Herkunftslegenden wurden freilich in vielen Familien kolportiert, um sich einen noblen, auch geheimnisumwitterten Anstrich zu geben. Als Juliane vor den Altar trat, war sie im dritten Monat schwanger. Das konnte jedoch ihrem Ruf in der überschaubaren deutschen Gesellschaft des kleinen Ortes nicht schaden. Die Tüfferer Bürger waren keine Kerzelschlucker. Bei feierlichen Anlässen wurde Juliane regelmäßig in diverse Komitees berufen, was vermutlich mit der wirtschaftlichen Position und Spendenfreudigkeit ihres Gatten zusammenhing.

Auf den Erstgeborenen, Ludwig, 1872, folgten Pauline, 1875, auch Paula oder, slowenisch, Pavla genannt; Anna, 1876; Käthe, 1877; Rudolf, mein Großvater, 1880; Josefine, 1882, Pepa gerufen; Friedrich, 1884; und schließlich, als Letzter, Ernst Viktor, 1887, mein Großonkel Ernst, für mich

Feuerwehr Tüffer, 1890er Jahre, Paul Bast in der Mitte sitzend

einfach Onkel Ernst. Wie mein Großvater ging er später als Rechtsanwalt nach Amstetten. Zwei Kinder starben noch im Säuglingsalter. 1885 fiel Maria Bast, kaum vier Monate alt, schlimmen Krämpfen zum Opfer. 1889 kam Martha zur Welt, die im selben Jahr einem Darmkatarrh erlag.

Onkel Ernst war das einzige der acht Kinder, das Gelegenheit erhielt, die 1892 eingeweihte zweiklassige deutsche Volksschule in Tüffer zu besuchen. Die Älteren mussten mit der bestehenden slowenischen Volksschule vorliebnehmen, in der natürlich auch auf Deutsch unterrichtet wurde. Jahrzehnte später berichtete Ernst Bast in einem Brief an einen befreundeten Juristen, dass es in der slowenischen Schule in Tüffer zu seiner Zeit größtenteils deutschfreundliche Lehrer gab.

Eine eigene Schule war Ehrensache für die deutsche Gemeinde von Tüffer. Der Eröffnungsfeier im September 1892 wohnten zahlreiche Gäste bei, auch aus dem nahen Cilli. Dem fünfköpfigen Damenausschuss, zuständig für die Bewirtung der Gäste, gehörte auch Juliane Bast an. Eine

Abteilung der Freiwilligen Feuerwehr, unter Leitung ihres Mannes, Paul Bast, sorgte für die Aufrechterhaltung der Ordnung. In den zahlreichen Reden wurde immer wieder auf die große Bedeutung der Schule, einer »Schutzstätte« für die Pflege deutscher Sprache und deutscher Art, hingewiesen. Tüffer sei ein deutscher Ort und werde es bleiben, man müsse alles daransetzen, das »Deutschthum« zu erhalten. Das seien die Aufgabe und das Ziel des Deutschen Schulvereins und seiner redlichen Arbeit im Dienst der deutschen Sache, verkündete die zweimal wöchentlich in Cilli erscheinende *Deutsche Wacht*. Nach wiederholten »Gott erhalte unseren Kaiser, und in ihm das Vaterland!« wurde zum Abschluss der offiziellen Feierlichkeiten »Die Wacht am Rhein« angestimmt, was dem gebürtigen Rheinländer und aktiven Mitglied des Deutschen Schulvereins gewiss Tränen der Rührung in die Augen trieb.

Es war nicht ungewöhnlich, dass Österreicher in der mehrheitlich von Slowenen bewohnten Untersteiermark bei solchen Anlässen neben der Kaiserhymne auch das sogenannte Schwertlied der Deutschen, »Die Wacht am Rhein«, aus voller Kehle sangen. Viele dachten deutschnational und nutzten jede Gelegenheit, um ihr Deutschtum herauszustreichen und die Überlegenheit der Deutschen gegenüber den Slawen im Allgemeinen und den Slowenen im Besonderen zu betonen. »Wo immer die Slawen überhaupt in Geschichte und Kultur, in Literatur und Kunst etwas wirklich Nennenswerthes erreicht und geschaffen haben, geschah es stets unter deutscher, respective germanischer Führung, Leitung und Beeinflußung«, deklarierte die deutschnationale *Marburger Zeitung* im April 1887. Das predigte mir, beinahe wortwörtlich, bei jeder sich bietenden Gelegenheit auch meine Amstettner Großmutter, die aus einer deutschen Familie aus Laibach/Ljubljana stammte, wo sie 1910 meinen Großvater geheiratet hatte. Sie war eine gradlinige Frau, die mit ihrer Meinung nicht hinter dem Berg hielt und ihre Gesinnung bis ins hohe Alter nicht änderte oder gar revidierte. Sogar an der Orthographie, die sie in ihrer Jugend gelernt hatte, hielt sie teilweise fest. Ich erinnere mich, dass sie in ihre Briefe gern das altertümliche th einfließen ließ, was mich irritierte. Es war wohl als Hinweis auf ihr »Deutschthum« gedacht, dem auch ich mich zugehörig fühlen sollte. Ohne uns Deutsche hätten die Slawen, egal ob Polen, Tschechen oder Slowenen, nie eigene Städte gründen oder gar eine eigene Literatur hervorbringen können, erklärte sie mir mit der ihr eigenen apodiktischen Art. Ich glaube, dass ich zwölf oder dreizehn Jahre alt war, als ich erstmals an ihrem Geschichtsverständnis zu zweifeln begann.

Meine Großmutter hatte nicht nur ihren unerschütterlichen Glauben an die kulturelle Mission der Deutschen über die Jahrzehnte gerettet, sondern auch einen verschrobenen, aus der Zeit gefallenen Bismarck-Kult, der noch aus dem 19. Jahrhundert zu stammen schien. Bismarck zählte für sie zu den deutschen Helden wie der sagenhafte Drachentöter Siegfried oder Adolf Hitler, der eigentlich Österreicher war.

»Pflanzet Bismarck-Eichen! Eine der innigsten, dauerndsten, deutschesten Ehrungen des großen Einsiedlers im Sachsenwalde wäre zweifellos die Pflanzung von Bismarck-Eichen an hervorspringenden Stätten rings in allen deutschen Landen. Dort würden sie emporstreben und den fernsten Geschlechtern von dem gewaltigen Recken einer großen Vorzeit Kunde geben; ein Felsblock aber ihnen zu Füßen könnte den Namen Bismarck weisen«, forderte die *Deutsche Wacht* im März 1895 die deutschen Untersteirer auf. Der Titel der Zeitung war Programm.

Lange Zeit existierten die Kaiserhymne und »Die Wacht am Rhein«, der Kaiser in Wien und die Erinnerung an den eisernen Kanzler der Deutschen in den Köpfen vieler Menschen relativ friedlich nebeneinander.

Der überschwängliche, beinahe hysterische Bismarck-Kult ihrer deutschsprachigen Landsleute war den Slowenen naturgemäß ein Dorn im Auge, war er doch ein Symbol für das Streben der Deutschen nach unangefochtener Vorherrschaft auf allen Gebieten. 1894 prangerte der slowenische Abgeordnete und Priester Lavoslav Gregorec in einer im Wiener Reichsrat eingebrachten Interpellation die entsetzlichen Zustände am Gymnasium von Cilli an, wo es neben anderen deutschen Übeln einen Mittelschülerverein namens Bismarck gebe. Ob mein Großvater und sein jüngerer Bruder, die zu jener Zeit das Gymnasium besuchten, dem Verein angehörten, weiß ich nicht, ich nehme es aber an. Das entsprach ihrer politischen Ausrichtung.

Über das Leben und die Ansichten meines Urgroßvaters weiß ich wenig, in Wahrheit nichts. Er wird von Zeitgenossen stets als stramm deutscher Mann und aufrechte Stütze der deutschen Gemeinde beschrieben, doch das sagt kaum etwas aus über ihn selber. Er war ein erfolgreicher Unternehmer, zumindest in den ersten Jahrzehnten. Später machte ihm die Konkurrenz der großen industriellen Lederbetriebe zu schaffen, die sich im Sanntal ansiedelten. Doch auch darüber habe ich wenig Konkretes gefunden. Insgesamt bleibt mein Urgroßvater für mich im Dunkeln, obwohl ihn meines Wissens keine großen Geheimnisse umgaben. Er führte das Leben eines biederen Bürgers, der sich voll und ganz für den Betrieb, die Familie und die deutsche Gemeinde aufopferte. Vielleicht nicht gerade in dieser Reihenfolge. Nicht einmal seine Söhne, mein Großvater und sein jüngerer Bruder, haben etwas über ihren Vater hinterlassen, keine Aufzeichnungen, keine Dokumente, keine Aufnahmen. Er war ein aufrechter deutscher Mann, und damit basta.

Bedeutet das, dass er ein Slowenenfresser war, wie so manch anderer seiner Zeitgenossen? Das glaube ich nicht, jedenfalls sind mir keine Hinweise in diese Richtung untergekommen. Die Zeitungsnotizen, in denen er Erwähnung fand, sind spärlich. Sie beschränken sich auf wenig aussagekräftige Meldungen aus Tüffer, in denen er in der Regel als Träger eines Ehrenamtes genannt wird. Einmal wird vermeldet, dass in seinem Haus am Hauptplatz Feuer ausbrach, das das gesamte Wohnhaus einäscherte, nur die Gerberei konnte gerettet werden. Ein schwerer Schlag für den Unternehmer, von dem er sich jedoch rasch erholte.

Persönliches findet sich in den Meldungen nichts. Auch nicht über seine politischen Ansichten. Er war ein treuer Bismarck-Verehrer, der zu Hause, wie mir mein Großvater erzählte, ein Bild des deutschen Kanzlers hängen hatte. Ein solches hing allerdings im Unterland, wie die Untersteiermark auch genannt wurde, in vielen deutschen Häusern.

Und der Antisemitismus? Auch darüber kann ich nichts sagen, ich nehme jedoch nicht an, dass der Urgroßvater ein radikaler Antisemit war. Der Antisemitismus hatte im Unterland selbst in deutschnationalen Kreisen keine große Anhängerschaft, was nicht zuletzt daran liegen mochte, dass es keine bedeutende jüdische Minderheit gab, die man als Sündenbock für allerlei Übel hätte heranziehen können. Natürlich gab es Antisemiten, von denen die meisten Anhänger des Führers der Alldeutschen Bewegung waren, Georg von Schönerer, auch als Ritter Georg bekannt.

Paul Bast scheint sich für Schönerer und seinen fanatischen Rassenantisemitismus wenig interessiert zu haben.

Anders seine Söhne, die nach der Volksschule ans Gymnasium in Cilli geschickt wurden, was für damalige Zeiten in einem kleinen Provinznest nicht selbstverständlich war. Das bestätigte Professor Jože Maček, ein hervorragender Kenner der lokalen Geschichte und selber aus der Umgebung von Laško gebürtig. Drei der Bast-Söhne, Ludwig, Rudolf und Ernst, legten mit Erfolg die Matura ab und gingen zum Studium nach Graz, wo sie in die akademische Burschenschaft Germania eintraten, die neben wackerem Fechten und Biertrinken auch einen völkischen Antisemitismus auf ihr Panier geschrieben hatte.

Die Ferialverbindung Germania, aus der die akademische Burschenschaft Germania zu Graz hervorging, wurde 1885 in Cilli auf Initiative des Juristen Eduard Glantschnigg gegründet, der als radikaler Antisemit galt. Glantschnigg verfolgte mit der Gründung der Ferialverbindung das Ziel, die deutschen Studenten aus dem Unterland zu sammeln und für deutschnationale Ideen und einen Rassenantisemitismus à la Schönerer zu gewinnen, was ihm, denke ich an meinen Großvater und Onkel Ernst, auch gelungen ist.

Welcher Geist im Haus von Eduard Glantschnigg herrschte, lassen die Kindheitserinnerungen von Margarete Weinhandl erahnen, geboren 1880 in Cilli als Margarete Glantschnigg. Die Tochter Eduard Glantschniggs erinnert sich in dem 1942 in Graz erschienenen Buch »Und deine Wälder rauschen fort. Kindheit in Untersteier« an eine Episode aus dem Leben Georg von Schönerers, die in ihrem radikal deutschnationalen Elternhaus große Empörung auslöste. Schönerer wurde im Mai 1888 wegen Hausfriedensbruchs zu vier Monaten Kerker verurteilt. Die kleine Margarete nahm sich das so zu Herzen, dass sie jeden Abend, ehe sie einschlief, im Nachthemd im Gitterbett Aufstellung nahm und mit lauter, feierlicher Stimme sprach: »Heil Bismarck! Heil Kaiser Wilhelm! Heil Moltke! Hoch Schönerer! Hoch alle Deutschen! Nieder mit allen Feinden! Dabei schwenkte ich jedesmal den Arm hoch über dem Kopf, beim ›Nieder‹ aber senkte ich ihn gebieterisch nach unten. Dies nannte ich meinen ›Unverfälschten deutschen Nachtgruß‹, und er geschah mit solcher Ernsthaftigkeit, daß niemand, auch nicht Elsa, je darüber zu lachen gewagt hätte.«

Es ist nicht verwunderlich, dass Margarete Weinhandl bereits in den frühen dreißiger Jahren des zwanzigsten Jahrhunderts zu den Nazis stieß. 1934 war sie im Rassenpolitischen Amt der NSDAP tätig.

Doch zurück zur Bast-Familie. Ludwig, der Älteste, studierte Medizin, mein Großvater Rudolf und Ernst belegten Jus. Nur der 1884 geborene Friedrich machte den Eltern und seinen Geschwistern Sorgen, er schmiss das Gymnasium vor der Matura und versuchte sich erfolglos in verschiedenen Berufen. Es fehlte ihm an Ausdauer, an Sitzfleisch, wie Onkel Ernst das nannte. Am 16. Jänner 1906 meldete die *Marburger Zeitung* in einer amtlichen Notiz, dass der Steueramtspraktikant beim Steueramt Tüffer, Friedrich Bast, freiwillig aus dem Dienst geschieden war. Keine wichtige Nachricht, doch für die Familie bedeutete sie eine kleine Katastrophe. Eine Stelle beim Finanzamt galt schon damals als ruhiger und vor allem sicherer Posten.

Auf die Schulbildung der vier Töchter wurde, der Zeit entsprechend, nicht so großer Wert gelegt. Von ihnen wurde erwartet, dass sie imstande waren, einen bürgerlichen Haushalt zu führen und Mann und Kinder zu umsorgen. Eine höhere Schule für Mädchen existierte damals im Unterland nicht. In der ganzen Steiermark gab es für Mädchen nur in Graz ein sechsklassiges Lyzeum. Daneben existierte noch

Gerhard Bast im Vollwichs der Germania in Graz

die Möglichkeit eines Privatunterrichts. Doch Paul Bast genügte es offenbar, vier Buben ans Gymnasium in Cilli zu schicken, Privatunterricht für die Mädchen, das erschien ihm übertrieben. Vermutlich haben sie auch nicht darauf gedrängt.

Wie war das Verhältnis meines Urgroßvaters zu seinen slowenischen Nachbarn und Kunden, den slowenischen Arbeitern und Hausangestellten? Auch darüber weiß ich wenig. Falls er schriftliche Aufzeichnungen hinterlassen hat, haben sie nicht überdauert, und er ist zu früh gestorben, als dass ich mit Zeitzeugen hätte reden können. Ich gehe jedenfalls davon aus, dass er mit der slowenischen Umgebung gut auskam, obwohl er nur ein dürftiges Slowenisch sprach, wie mein Großvater erzählte. Die dröhnenden deutschnationalen Worte waren etwas für völkische Feiern und politische Reden, im Alltag ging es meist weniger aufgeregt zu. Wie man überhaupt sagen kann, dass die ethnischen Konflikte zwischen Deutschen und Slowenen an Brisanz verloren, je besser die Vertreter der beiden Gruppen einander kannten und je mehr sie miteinander zu tun hatten.

Oft erfolgte die Radikalisierung am Gymnasium in Cilli und dann in Graz, wo viele Maturanten aus dem Unterland studierten, so auch drei Söhne von Paul Bast. Sie traten der Burschenschaft Germania bei, wo Antislawismus und Antisemitismus zum Alltag gehörten so wie Biertrinken. Später entwickelten sich die Brüder, wenig erstaunlich, zu überzeugten Nationalsozialisten. Unausweichlich war das nicht, wie wir von anderen Beispielen wissen. Sie folgten ihrem freien Willen und wurden von niemandem gezwungen, diesen Weg einzuschlagen, so wie mein Vater von niemandem gezwungen wurde, 1931 in die NSDAP einzutreten, 1932 in die SS und 1938, nach Beendigung des Studiums in Graz, zur Gestapo zu gehen. Das machte er aus Überzeugung.

Lag ihnen das im Blut? Natürlich nicht. An dieser Entwicklung hatte das deutschnationale Milieu in Tüffer seinen Anteil, aber mehr noch das Gymnasium in Cilli und später die Studentenjahre in Graz und die Zugehörigkeit zur Burschenschaft Germania, der neben den drei Brüdern noch eine ganze Reihe von Verwandten und Freunden aus Tüffer angehörten. Sie alle nahmen begeistert an den verpflichtenden Kneipen teil, fochten Mensuren und trugen stolz ihre dort erworbenen Schmisse zur Schau. Wenn sie miteinander korrespondierten, setzten sie vor den Namen nicht »sehr geehrter«, sondern »ehrenfester«. Bei den Burschenschaften wird die Ehre, natürlich die deutsche Ehre, hochgehalten.

Wie das in der Praxis aussah, illustriert ein Bericht des christlich-sozialen *Grazer Volksblatts* vom 28. Februar 1903 unter dem bezeichnenden Titel »Die Verrohung deutschnationaler Studenten«. Rudolf Bast war damals Fechtwart der Germania. Beim Bummel auf der Grazer Herrengasse stellte er, wie es im Jargon der Burschenschafter hieß, einen nicht schlagenden katholischen Farbstudenten, weil dieser ihn angeblich fixiert hatte. Dadurch fühlte er sich in seiner Ehre angegriffen. Nach kurzem Wortwechsel ohrfeigte er den Gegner auf offener Straße, was ihm eine Anzeige und ein Gerichtsverfahren eintrug. Obwohl er dem Richter einzureden versuchte, er habe die Tat in höchster Erregung »in bewusstlosem Zustand« begangen, wurde er zu einer saftigen Geldstrafe verdonnert. Solche Vorfälle, laut *Grazer Volksblatt* Beweise für das stänkerische Treiben der deutschnationalen Studenten, waren im Grazer studentischen Milieu an der Tagesordnung.

Laut Auskunft der Burschenschaft Germania zählte mein Großvater zu den besten Fechtern in Graz, und er versäumte offenbar keine Gelegenheit, um das unter Beweis zu stellen. Er war ein bekannter »Losgeher«, wie das im studentischen Milieu hieß. Oft wurde eine Auseinandersetzung mit der Frage »Geh'n Sie los?« eingeleitet. Wer sich weigerte, wurde als »Auskneifer« beschimpft. Häufig ging es nicht darum, den Gegner zum Duell zu fordern, sondern eine Schlägerei anzuzetteln, zum Beispiel wenn das Gegenüber nicht mit der Waffe Genugtuung geben wollte.

In solchen Fällen verzichteten die Mitglieder schlagender Verbindungen auf die bei der Mensur verwendete Hiebwaffe, von Burschenschaftern Schläger genannt, und griffen zu gewöhnlichen Stöcken, mit denen sie auf ihre Gegner einschlugen. Stefan Zweig hat dieses Phänomen in dem Roman »Die Welt von Gestern« in Hinblick auf Wien präzis beschrieben:

»Zu sogenannten ›Burschenschaften‹ gruppiert, zerschmissenen Gesichts, versoffen und brutal, beherrschten sie die Aula, weil sie nicht wie die anderen bloß Bänder und Mützen trugen, sondern mit harten, schweren Stöcken bewehrt waren; unablässig provozierend, hieben sie bald auf die slawischen, bald auf die jüdischen, die katholischen, die italienischen Studenten ein und trieben die Wehrlosen aus der Universität.«

Diese brutale Form der studentischen Auseinandersetzung, eine Vorwegnahme späterer SA-Methoden (oft waren es dieselben Personen, von der Burschenschaft zur SA oder SS), trieb im Grazer Burschenschaftermilieu besonders üppige Blüten. Die Stadt an der Mur, allgemein als beschaulich, ja verschlafen geschildert, als ein liebenswertes, aber langweiliges Pensionopolis, zeigte sich hier von einer ganz anderen Seite. In der Studentensprache wurde das Prügeln mit Stöcken passenderweise Holzkomment oder einfach Holzen genannt.

Die Germanen selber sahen sich natürlich nicht als notorische Raufbolde und Schläger, sondern als Nachfahren mutiger deutscher Recken, die sich bedenkenlos ins Kampfgetümmel stürzten, um die deutsche Heimat zu verteidigen. So heißt es denn in der dritten Strophe des Bundesliedes der Grazer Germania:

»Alldeutschlands Söhne steh'n zusammen,
Alldeutschlands Söhne halten Wacht
Im Süden, wo in Kampfes Flammen

Uns rings umgibt des Feindes Macht.
Wir schließen eine feste Reihe,
Wir sind zur Abwehr stets bereit.
Alldeutschland wachse und gedeihe,
Germania blühe allezeit!«

Der schwülstige Text stammt von einem gewissen Adolf Hagen, ein Pseudonym für Adolf Harpf aus Graz, einige Zeit Redakteur der Cillier *Deutschen Wacht*. Harpf publizierte auch in der berüchtigten Zeitschrift *Ostara* von Jörg Lanz (von Liebenfels), der einen rassischen Antisemitismus predigte. Zu den aufmerksamen Lesern zählte in seiner Wiener Zeit auch Adolf Hitler.

Sämtliche bastischen Verwandten, die in Graz studierten, wurden irgendwann wegen Raufhandels gerichtlich verurteilt. Die Ausnahme bildete Onkel Ernst. Doch auch er hielt sich keineswegs zurück. Über ihn habe ich eine einschlägige Zeitungsnotiz aus Tüffer gefunden. Im April 1909 – da war mein Großvater bereits promoviert und als Rechtsanwaltsanwärter in der deutschen Sprachinsel Gottschee tätig – meldete das in Celje erscheinende Blatt *Slovenski dnevnik* (Slowenische Tageszeitung) Ausschreitungen deutschnationaler Hochschüler, angezettelt von meinem Großvater und Onkel Ernst. Sie pöbelten am Bahnhof slowenische Reisende an und riefen ihnen drohend zu: »Hier ist deutscher Boden, hier wird deutsch gesprochen!« Es kam zu Wortgefechten und Rempeleien. Sogar das nicht sonderlich aufregende Faktum, dass ein slowenischer Passant meinem Großvater empört zurief: *»Gospod doktor, sramujte se!«*, Herr Doktor, schämen Sie sich!, wurde in der Zeitung kolportiert.

Aber selbst die radikalsten deutschen Rabauken fanden

oft nichts dabei, den Kontakt zu slowenischen Nachbarn und Bekannten aufrechtzuerhalten. Die heimatliche Welt ihrer Kindheit, zu der die slowenischen Spielgefährten und Freunde gehörten, bewahrten viele Deutsche bis ins Alter in guter Erinnerung. Ich erinnere mich, wie mein Großvater von den wunderbaren Jagden auf Rehböcke, *srnjaki,* und Auerwild in den Revieren um Tüffer erzählte, bei denen er oft von einem slowenischen Freund, einem treffsicheren Schützen, begleitet wurde. Sowohl der Großvater als auch Onkel Ernst sprachen bis ins Alter ein passables Slowenisch.

Waren auch die vier Töchter im Bast-Haus – Pauline, Käthe, Anna und Josefine – vom Gift des Nationalismus und Antisemitismus infiziert? Dafür gibt es keine Hinweise. Die Fakten sprechen jedenfalls dagegen. Käthe und Josefine, Pepa, hatten offenbar Besseres zu tun. Sie waren gesellig und lebenslustig, besonders gern spielten sie in der Tüfferer Dilettantengesellschaft Theater, zum Beispiel in Ottokar Stoklassers Einakter »Heinzelmännchen« oder in dem im jüdischen Jargon gegebenen Lustspiel »Klabriaspartie«. Später heirateten beide nach Zagreb, Käthe einen kroatischen Universitätsprofessor für Geodäsie, Milan Kreković, und Pepa einen vermögenden jüdischen Holzhändler, Guido Prister, der zum Protestantismus konvertiert war.

Wie ihre Brüder zu dieser Verbindung standen, ist nicht überliefert. Mit dem erstgeborenen Sohn von Pepa und Guido Prister, ebenfalls Guido genannt, waren die Bastischen lange Jahre eng befreundet, er war ein Mitglied der engsten Familie und kam in der Zwischenkriegszeit als junger Mann oft nach Laško, um an Familienzusammenkünften teilzunehmen oder sich einfach zu erholen. Auch nach dem Zweiten Weltkrieg blieb die Verbindung aufrecht, obwohl Guido in Zagreb geblieben war, hinter dem Eisernen

Vorhang. Ich kann mich gut an ihn erinnern, ein schlanker, großgewachsener Mann, der Geschichten aus Tüffer erzählte und dabei oft lachte. Ich bin ihm einige Male im Haus von Onkel Ernst in Amstetten begegnet. Auch Onkel Guido zählte zu den Unsrigen, weshalb für ihn die Nürnberger Rassengesetze nicht zu gelten schienen, an denen meine Amstettner Verwandten bis zu ihrem Tod stur festhielten.

Anna ehelichte den Gutsverwalter Wilhelm von Eckhel, der im Lauf der Jahre verschiedene Güter in der Untersteiermark verwaltete, einmal auch eines in der Umgebung von Tüffer, wobei er seine spätere Frau kennenlernte. Sie heirateten 1900 in Tüffer. Damals residierte Eckhel als Verwalter ausgerechnet auf Schloss Gutenhaag, Hrastovec, wo 1945 seine Schwägerin Pauline ums Leben kommen sollte. 1901 wird auf Schloss Gutenhaag der Sohn des jungverheirateten Paares, Hugo von Eckhel, geboren. Wilhelm von Eckhel war den Brüdern von Anfang an sympathisch. Er war nicht nur ein verlässlicher Verwalter, sondern auch ein begeisterter Jäger und Hundezüchter. Später ließ sich die Familie in Zagreb nieder.

Einzig Pauline blieb im Elternhaus in Tüffer. Sie war eher schüchtern und kontaktscheu und lebte bereits als junge Frau zurückgezogen. Eine Eigenbrötlerin, die nur in der Familie aus sich herausging. Der schenkte sie großzügig ihre ganze Liebe und half, wo sie nur konnte.

Wie kam es, dass die Töchter offenbar immun waren gegen den völkischen Nationalismus und Antisemitismus ihrer Brüder? Ich nehme an, dass das nicht zuletzt daran lag, dass sie weder das Gymnasium in Cilli besuchten, noch in Graz studierten. Vielleicht war es auch der Einfluss der Mutter, von der ich nicht viel weiß. Juliane blieb meist im Schatten, nicht ungewöhnlich für Frauen ihrer Generation.

Ich habe nie gehört, dass es in der Familie weltanschauliche Diskussionen oder gar Konflikte gegeben hätte. Die Frauen vermieden es offenbar, sich an politischen Gesprächen zu beteiligen, das galt als unschicklich und nicht damenhaft. Doch sie hatten ihre eigene Meinung und ließen sich von den hitzköpfigen Brüdern nichts einreden. In dieser Hinsicht war die Familie gespalten, obwohl die Geschwister einander innig zugetan waren.

Das meiste, was ich über die Familie weiß, verdanke ich Onkel Ernst, dem jüngsten der Bast-Brüder. In seinem Nachlass finden sich zahlreiche Fotografien aus Tüffer, vor allem von den Schwestern, seltener von den Brüdern, und überhaupt keine von den Eltern. Ich kenne nur eine einzige Fotografie meines Urgroßvaters, und die verdanke ich einem Bewohner von Laško, ein Sammler alter Fotografien. Die Aufnahme ist unscharf und zeigt Paul Bast in Feuerwehruniform, ein stattlicher Mann mit Spitzbart, die Uniformkappe ein wenig schräg sitzend, was ihm beinahe ein kühnes Aussehen verleiht. Von wann die Aufnahme stammt, ist schwer zu sagen, vermutlich aus den späten neunziger Jahren des 19. Jahrhunderts. Seiner selbstsicheren Haltung und den zahlreichen Streifen am Ärmel der Uniformjacke nach zu schließen ist Paul Bast bereits Feuerwehrhauptmann, eine Respektsperson, geachtet im ganzen Ort. Die Tätigkeit der Feuerwehr ist nicht ungefährlich und verlangt einigen Mut. Dazu passt das martialische Aussehen des ansonsten biederen Gerbermeisters. In Friedenszeiten dient die Feuerwehr als Ersatz für das bewunderte Militär, das man in Marktflecken wie Tüffer kaum zu Gesicht bekommt. Der Zauber der Montur, dazu Figur und Positur!

Wie es kommt, dass ich nur diese eine Aufnahme aufspüren konnte, ist mir rätselhaft. Immerhin bekleidete Paul

Bast zahlreiche Ämter in Tüffer, die mit öffentlichen Auftritten verbunden waren.

Von meiner Urgroßmutter, Juliane Bast, geborene Renier, habe ich keine einzige Fotografie gefunden. Nicht einmal ein Gruppenbild mit Damen der besseren Gesellschaft, zu der sie zählte. Dabei wurde in Tüffer viel fotografiert, von Berufsfotografen, aber auch privat, wie die große Schachtel mit Bildern aus dem Nachlass von Onkel Ernst beweist. Er war der selbsternannte Archivar der Familie und hob alles auf, was ihm wichtig erschien. Rechnungen aus der Zwischenkriegszeit ebenso wie umfangreiche Unterlagen zu diversen Anschaffungen: von zwei Autos, eines der Marke Steyr und das andere, spätere, ein Mercedes, von einem Kühlschrank, einer Nähmaschine, einem Staubsauger und anderen Gerätschaften, die man im Haushalt benötigt. Nichts wurde weggeworfen. Sogar Pappschilder von der Kanzlei mit der knappen Botschaft »Türe schließen!« erschienen ihm wert, aufbewahrt zu werden. Aber Fotografien der Eltern, die er, wie er erzählte, abgöttisch geliebt und verehrt hatte, habe ich in seinen Sachen keine gefunden.

Eine unscharfe Fotografie des Urgroßvaters und keine der Urgroßmutter. Das ist die magere Ausbeute meines Forschens und Suchens. Ich kann daher nicht sagen, wie die Urgroßmutter aussah. War sie hübsch? Blond? Brünett? Schlank? War sie groß oder klein? Nichts weiß ich von ihr. Umgeben von einer Schar liebender Kinder, die auch nach dem Ersten Weltkrieg, als die Untersteiermark von den Landkarten verschwand und ein Teil Sloweniens wurde, regelmäßig nach Tüffer kamen, das jetzt offiziell Laško hieß. Die Kinder hatten Slowenien in verschiedene Richtungen verlassen, nur die Mutter und Tochter Pauline und zeitweise der Sohn Friedrich waren in Tüffer geblieben, im Bast-Haus, das auch nach 1918 der Treffpunkt der Familie blieb. Alle trafen sich in der Zwischenkriegszeit und noch während des Zweiten Weltkriegs im Elternhaus, um die Schwester zu besuchen und miteinander zu feiern.

Für Paul Bast, der inmitten seiner Feuerwehrkameraden sitzt, war die kleine Welt von Tüffer noch in Ordnung. Sie mag dem gebürtigen Rheinländer ein wenig fremd in den Ohren geklungen haben, der singende Dialekt der Untersteirer und das Slowenische sowieso. Doch das Leben schien unbeschwert und sicher. Die Vormachtstellung der Deutschen war zwar nicht mehr unangetastet, denn die Slowenen forderten immer drängender ihre politische, wirtschaftliche und auch kulturelle Gleichberechtigung. Und auch die Geschäfte gingen nicht mehr so wie früher. Doch an der Stellung des angesehenen Bürgers hatte sich nichts geändert. Wenn er sein Haus am Hauptplatz verließ, um zum Stammtisch im Gasthaus Horiak zu gehen, wurde er von allen Seiten gegrüßt, und er dankte und grüßte zurück. Er konnte sich nicht vorstellen, dass die Welt, die ihm so viel bedeutete, auf schwankendem Boden errichtet war. Wer ein empfindliches Sensorium besaß, konnte vielleicht erste Signale, schwache Vorboten der heraufziehenden Katastrophe spüren. Paul Bast war nicht mit einem solchen Sensorium ausgestattet. Er stand fest mit beiden Beinen im Leben, ein nüchterner Geschäftsmann, Realist und Pragmatiker, dem Träume und Visionen nicht viel bedeuteten. Für so etwas hatte er keine Zeit.

Alles um ihn herum erschien solid, vor allem das Haus, auf das er stolz seinen Namen hatte setzen lassen. Von den meisten Bewohnern von Tüffer wurde es noch Jahre später, als der Gerbermeister längst nicht mehr lebte und der Ort nur mehr Laško hieß, nach ihm benannt, Bast-Haus, oder, slowenisch, *Bastova hiša*. Nach 1918 beherbergte das Haus neben der geräumigen Wohnung im ersten Stock eine slowenische Bücherei samt *čitalnica*, Lesesaal, einen Gesangsverein und noch eine Gastwirtschaft. Die Pächter wechselten häufig.

Lange Zeit lautete die Adresse des Gebäudes am Hauptplatz schlicht Tüffer 48. Der Marktflecken kam ohne Straßennamen aus, Hausnummern genügten. Jeder kannte jeden und wusste, wo er wohnte. Das Haus mit der Nummer 48 war schon bekannt, bevor Paul Bast es erwarb; hier bestand immer schon eine Gastwirtschaft, gern besucht von Handwerkern, Kirchgängern und Hochzeitsgästen, die von der gegenüberliegenden St.-Martins-Kirche hierher strömten. Für ein Gasthaus eine ideale Lage. Zahlreiche slowenische und deutsche Fleischhauer und Wirte gingen im Verlauf der Jahre im Haus Nummer 48 ihren Geschäften nach, zuletzt auch Paul Bast und später seine Witwe, sein Sohn Friedrich und die Tochter Pauline.

Gerbermeister und Gastwirt, das war in Tüffer keine ungewöhnliche Kombination. Im späten neunzehnten und frühen zwanzigsten Jahrhundert gab es im Ort zahlreiche Gastwirtschaften, Bierstuben und Weinschenken, in manchen Häusern, wie auch im Bast-Haus, zeitweise sogar zwei. Die Bewohner von Tüffer waren durstige und gesellige Leute.

Auf einem frühen Foto vom Haus sieht man deutlich die Aufschrift »Paul Bast«, links steht auf der Fassade *Krčma*, was auf Slowenisch so viel wie Schenke oder Beisel bedeutet. Ich nehme an, dass es sich um eine einfache Wein- oder Bierstube handelte, in der man auch etwas zu essen bekam. Das Haus besitzt drei Eingänge, was auf mehr als eine Schenke schließen lässt. Die Wohnräume liegen im ersten Stock. Über der mittleren Tür erkennt man die Aufschrift *Domače*

Delo, Handarbeit. Was dort verkauft wurde, ist nicht klar. Bestickte Handtücher und Tischdecken? Geflochtene Körbe und bemalte Teller? Die Tür ganz rechts trägt ein paar Schilder, deren Schriften ich nicht entziffern kann, es könnte sich um Werbetafeln für Bier handeln. Womöglich eine zweite *Krčma.*

Im Februar 1901 erleidet die Familie einen herben Verlust. Paul Bast stirbt unerwartet im Alter von 56 Jahren an einem Herzschlag. Das stellt die Familie vor eine schwierige Situation. Zwei Söhne, Ludwig und Rudolf, studieren noch in Graz, Friedrich ist siebzehn und besucht die vierte Klasse des Gymnasiums. Er verlässt die Schule ohne Matura und findet zunächst eine Anstellung bei der Eisenbahn. Ernst, der Jüngste, ist gerade vierzehn. Die Mädchen sind alle erwachsen. Pauline ist 26, doch ein Ehemann, für die damalige Zeit längst überfällig, scheint nicht in Sicht. Anna ist verheiratet und damit versorgt. Käthe, auch Katra oder Katica gerufen, hat schon vor dem Tod des Vaters ihr Brot selber verdient, zunächst in einer Gastwirtschaft in der Gemeinde Divača in Krain, wenige Kilometer von der Hafenstadt Triest entfernt. Später in der Bahnhofsgastwirtschaft in Steinbrück, slowenisch Zidani Most, an der Südbahn, nicht weit von Tüffer entfernt. Vielleicht hat sie dort den mit einem mächtigen Schnauzbart ausgestatteten Universitätsprofessor Milan Kreković kennengelernt, der sich als ungemein kinderfreundlicher Mann herausstellen sollte, obwohl die Ehe mit Käthe kinderlos blieb.

Der frühe Tod des Hausvaters bedeutete für die Familie auch in materieller Hinsicht einen tiefen Einschnitt. Paul Bast hatte für den Fall seines Ablebens nicht ausreichend vorgesorgt. Seine Frau war es gewohnt, in Damenkomitees und Festausschüssen gute Figur zu machen, doch wie man eine Gerberei leitet, wusste sie nicht. Das war Männersache. Schon die Führung des großen Hauses am Hauptplatz und die Verpachtung der Räumlichkeiten im Erdgeschoss stellten sie und Pauline vor große Herausforderungen. Auch das hatte Paul ihr stets abgenommen. Eine Frau sollte schön sein und den Haushalt führen, eventuell noch eine Rolle in der Gesellschaft spielen, das reichte für damalige Verhältnisse. Die beiden Frauen konnten auch kaum auf die Hilfe der studierenden Söhne zählen. Diese waren weit weg, voll ausgelastet mit ihren Prüfungen und den Verpflichtungen als Burschenschafter.

Das unerwartete Ableben des Unternehmers und die sich daraus ergebenden Probleme für die Familie waren kein Einzelfall. Ähnlich verhielt es sich bei meinem Urgroßvater großmütterlicherseits. Josef Lehner, auch er ein Zuzügler, nicht aus dem Rheinland, sondern aus den ungarischen Gebieten nahe der österreichischen Grenze, hatte es in Laibach als Zimmerermeister zu einigem Wohlstand und Ansehen gebracht. Als er 1907 mit 59 Jahren starb, blieb die Witwe mit zwei erwachsenen Töchtern zurück, die beide nach dem Tod des Vaters, vermutlich aufgrund der veränderten materiellen Situation, eine Ausbildung als Volksschullehrerinnen absolvierten. Meine Urgroßmutter Magdalena erklärte zwar, sie wolle das Geschäft des Mannes fortführen, doch lang hielt sie nicht durch, obwohl sie von einem versierten Kompagnon unterstützt wurde.

Ist es ein Zufall, dass beide Urgroßväter Zugereiste waren, die sich in einer fremden Umgebung behaupten mussten? Vielleicht arbeiteten sie deshalb über ihre Kräfte und engagierten sich obendrein in verschiedenen Institutionen und Vereinen, getrieben vom Bedürfnis, um jeden Preis dazuzugehören und Anerkennung zu finden. Auch auf Kosten der eigenen Gesundheit. Ich glaube nicht, dass einer der Urgroßväter jemals Urlaub machte. Das galt als ungehörig und unmännlich, das war etwas für reiche Rentner und Kuponschneider. Man wollte sich keinem Gerede aussetzen und nicht als Schwächling erscheinen. Ein echter deutscher Mann musste wissen, was er der Familie und der Gemeinschaft schuldig war. Er hatte pflichtbewusst zu sein bis zur Selbstaufopferung. Da gab es keinen Pardon.

3

Zwei Frauen, wirtschaftlich völlig unerfahren, allein in einem großen Haus. Bisher hat die wichtigsten Dinge – den Verkehr mit den Behörden, allfällige Reparaturarbeiten, Verhandlungen mit Handwerkern, Verträge mit Pächtern und Mietern – der Ehemann und Hausbesitzer erledigt. So war das üblich. Frauen hatten damit nichts zu schaffen. Die Räumlichkeiten im Erdgeschoss waren teilweise verpachtet, es gab dort einen kleinen Laden und eine, manchmal auch zwei Schenken. Eine davon hatte Paul Bast neben der Gerberei bis zu seinem frühen Tod selbst geführt.

Die kleine Gerberei hatte die Folgen der Krise der Lederherstellung in der zweiten Hälfte des 19. Jahrhunderts zu spüren bekommen. Vor allem litt das Geschäft zunehmend unter der Konkurrenz der großen Fabriken, mit deren billiger Ware Paul Bast nur schwer mithalten konnte, sodass er sich daneben auf die Gastwirtschaft verlegte, ein zweites Standbein. Wie das funktionierte? Dass er selber Bier und Wein ausschenkte, halte ich für unwahrscheinlich. Das wäre mit seiner Position als renommierter Unternehmer, als der er in diversen Nachrufen gerühmt wurde, schwer in Einklang zu bringen gewesen. In der ausführlichen Würdigung der *Deutschen Wacht* ist jedenfalls nur vom Lederermeister und Hausbesitzer die Rede. In anderen Unterlagen wird Paul Bast jedoch als *gostilničar*, Gastwirt, bezeichnet. Es ist allerdings fraglich, ob der gelernte Gerber das nötige Wissen und die Erfahrung zur Führung einer Schenke besaß.

Das galt noch mehr für die Witwe und die gemeinsame

Tochter Pauline, die nach seinem Tod das Haus und die Schenke übernahmen. Pauline erschien von ihrem Naturell her für die Führung einer Gastwirtschaft denkbar ungeeignet. Sie war schüchtern und kontaktscheu – keine guten Voraussetzungen für eine erfolgreiche Wirtin.

Am ehesten wäre ihre jüngere Schwester Käthe dafür geeignet gewesen. Sie hatte schon vor dem Tod des Vaters in der Bahnhofsrestauration in Steinbrück, Zidani Most, an der Südbahn gearbeitet. Von Steinbrück ging Käthe nach Divača, in der Nähe von Triest, wo sie ebenfalls in der Bahnhofsrestauration arbeitete, um schließlich wieder nach Steinbrück zurückzukehren. Von Tüffer ist Steinbrück gerade einmal zehn Kilometer in südlicher Richtung entfernt, ein Katzensprung mit dem Zug. Es ist anzunehmen, dass Käthe im Elternhaus wohnen blieb. Warum sie die Arbeit in einem fremden Lokal der Beschäftigung in der elterlichen Schankwirtschaft vorzog, ist schwer nachzuvollziehen. Womöglich gab es dafür familiäre Gründe.

Die Bahnhofsrestauration in Steinbrück, geführt von einem gewissen Hubert Skalak, genoss bei slowenischen Reisenden einen fragwürdigen Ruf. Angeblich wurden sie dort unfreundlich oder gleich gar nicht bedient. In der Zeitschrift *Novi slovenski Štajerc* (Der neue slowenische Steirer) beschrieb ein slowenischer Reisender die Behandlung, die ihm dort widerfahren war. Als er das Lokal betreten wollte, schlug ihm die Kassiererin grantig die Tür vor der Nase zu und rief: »Wos werts do hineingaffen, verfluchtes windisches Gsindl!«

Das war 1906, zu einem Zeitpunkt, als meine Großtante nicht mehr in Steinbrück tätig war.

Der Ton zwischen deutschsprachigen Österreichern und Slowenen wird im ausgehenden neunzehnten und beginnenden zwanzigsten Jahrhundert zunehmend rauer und gehässiger. Das deutschsprachige Bürgertum, dem sich offenbar auch der Bahnhofsrestaurateur Hubert Skalak und sein Personal zugehörig fühlen, sieht sich als Kämpfer in einer nationalen Abwehrschlacht, die auf allen Ebenen und mit allen erdenklichen Mitteln ausgefochten werden muss. Dazu gehört es offenbar auch, slowenische Reisende hungern und dursten zu lassen. Hubert Skalak ist nicht nur Gastwirt, sondern auch Schützenmeister im deutschen Schützenklub von Steinbrück, mit ihm ist nicht zu spaßen.

Die zahlreichen Vereine und Institutionen – Freiwillige Feuerwehr, Schützenklubs, Radfahrervereine, Turnvereine, Theatergruppen, Sängerbünde usw. – existieren auch in kleineren Ortschaften wie Tüffer oft zweifach, slowenisch und deutsch, ein Ausdruck der rasant fortschreitenden Nationalisierung, die die Untersteiermark erfasst hat. Manchmal genügt ein nichtiger Anlass, um die Gemüter aufzuregen, und hin und wieder fließt sogar Blut.

Im Juni 1904 kommt der Fürstbischof Mihael Napotnik aus Maribor, Marburg, nach Tüffer, um die Firmung abzuhalten. Der Marktflecken wird feierlich geschmückt, jedoch nur mit kirchlichen Fahnen; nationale Fahnen, egal ob deutsche oder slowenische, dürfen nicht ausgesteckt werden. Das empfinden die slowenischen Bauern der Umgebung als Provokation. Als sie von der St.-Martins-Kirche gegenüber dem Bast-Haus eine riesige slowenische Fahne ausrollen, wird sie von Gendarmen prompt konfisziert. Das bringt die Bauern noch mehr auf – Handgreiflichkeiten sind die Folge, die sogar von den großen Wiener Blättern empört registriert werden. »Im Badeorte Tüffer bei Cilli kam es gestern zu großen Ausschreitungen seitens der slovenischen Bevölkerung. … Im Laufe des Tages überfielen slovenische Bauern zahlreiche deutsche Bürger und schlugen dieselben blutig; auch zwei kleine deutsche Kinder wurden gröblichst mißhandelt«, heißt es beispielweise in der *Neuen Freien Presse* vom 6. Juni 1904.

Solche Berichte häufen sich. Sie werden von beiden Seiten, je nachdem, wer sich angegriffen fühlt, aufgebauscht und dramatisch ausgemalt. In ihren eigenen Schilderungen agieren sowohl die national erhitzten Deutschen als auch die Slowenen stets aus der Defensive heraus. Die Angreifer sind immer die anderen, die den friedlichen Nachbarn an die Gurgel wollen und alles versuchen, um deren wirtschaftliche und politische Existenz zu stören. Eine Verständigung zwischen den beiden Volksgruppen wird zusehends schwieriger, vernünftige Stimmen, die Hass und Hader Einhalt gebieten wollen, finden kaum mehr Gehör.

Die Frauen im Bast-Haus haben bei Ausbruch des Tumults anlässlich der Firmung keine Zeit für politische Überlegungen. Angesichts der randalierenden Festgäste handeln sie rasch und pragmatisch. Sie verriegeln Türen und Fensterläden, damit ihnen die Radaubrüder, egal von welcher Seite, nicht ins Haus kommen oder die Scheiben einschlagen.

Auch in den folgenden Jahren geraten die Firmungen in Tüffer wiederholt zum Anlass stürmischer Auseinandersetzungen. Überhaupt scheinen kirchliche Feste dafür besonders geeignet. Vermutlich hat das auch mit dem bei solchen Gelegenheiten über Gebühr genossenen Alkohol zu tun, der die Gemüter in Wallung bringt. In den zahlreichen Schenken im Ort können sich Slowenen wie Deutsche einen ordentlichen nationalen Rausch antrinken.

Die Slowenen stellen vor der St.-Martins-Kirche Jahr für Jahr einen Maibaum auf und bewachen ihn, damit missgünstige Deutsche ihn nicht umreißen können. Eine Zeitlang wird die Wachmannschaft vom Organisten Drolc angeführt, dem späteren Ehemann von Pauline Bast. Doch bis dahin vergehen noch Jahre. Drolc ist ein treuer Diener der katholischen Kirche. Er ist Mesner, Organist, Hostienbäcker und Chorleiter in einer Person. Als die Slowenen 1893 in Laško einen eigenen Gesangsverein gründen, wird der damals Zwanzigjährige zu seinem Leiter ernannt. Neben seinen diversen Tätigkeiten im Dienst der Kirche und der Musik ist Drolc, wie viele Bewohner von Tüffer, als Gastwirt tätig. 1906 eröffnet er am Orožnov trg, Orožen-Platz, in unmittelbarer Nähe des Bast-Hauses, eine nationale slowenische Gastwirtschaft, in der die wichtigsten slowenischen Zeitungen und Zeitschriften aufliegen. Nationale Agitation am Biertisch. Der trinkfeste und streitbare Mesner ist auch politisch aktiv. Er gilt als einer der Wortführer der national denkenden katholisch-konservativen Slowenen. Ein geachteter Mann auch in deutschen Kreisen, trotz der politischen Gegensätze.

Es gibt auch positive Ereignisse aus Tüffer zu vermelden. 1906 bekommt der Ort nach langen Beratungen eine elektrische Straßen- und Wohnungsbeleuchtung, die von einer Wiener Firma installiert wird. Auch das Kränzchen der deutschen Tüfferer Liedertafel und das Fest der Freiwilligen Feuerwehr, bei dem die Kommandos selbstverständlich deutsch gegeben werden, sind der *Deutschen Wacht* ausführliche Berichte wert. Manchmal greift man dafür sogar auf den Sanntaler Dialekt zurück. So in einer Einladung der Liedertafel, abgedruckt in der *Deutschen Wacht:*

»Die Liadertofel z'Tüffer wird am 13. Februari 1896 in da Herrnstubn van Horiak z'Tüffer an Bauern-Ball oholtn. Angsongan wird um ochti af d'Nocht und aufghört wird wanns goar is. S Einigeahn kost's für oan a Oanserl, für a gonze Familie zwoa Oanserl und fufzg Kreuza. Wonns net in an Baurngwond kemmts, so kost's zwanz'g Kreuza extra. Ober in an nobeln Gwond dürft's a net kemman, sist war's jo koan Bauern-Ball.«

Deutsche Landwirte gab es in der Umgebung von Tüffer wenige, es ist allerdings nicht anzunehmen, dass viele slowenische Bauern der Einladung folgten. Zu tief waren zu jener Zeit bereits die Gräben zwischen den beiden Volksgruppen. Jeder zu den Seinen.

Ich erinnere mich gut an den Sanntaler Dialekt, den mein Großvater und Onkel Ernst in Amstetten sprachen, wenn auch in einer gemilderten, abgeschliffenen Form. Ich habe ihn nie geschrieben gesehen (ich glaube nicht, dass die beiden je im Dialekt geschrieben hätten), aber ich meine ihn heute noch zu hören, gewisse Satzstellungen und Redewendungen, die vereinzelt eingestreuten slowenischen Wörter, und vor allem den singenden Tonfall, den sie auch nach vielen Jahrzehnten in Niederösterreich nicht ablegten.

Ein Blick in die *Deutsche Wacht* zeigt, dass sich die Konflikte von Jahr zu Jahr zuspitzen. Was immer die Slowenen unternehmen, wird als dreister Angriff auf die von Gott gegebenen Privilegien der Deutschen ausgelegt; slowenische Intellektuelle, Lehrer, Beamte und vor allem Journalisten werden bei jeder Gelegenheit verächtlich gemacht und als Zündler und Provokateure bezeichnet. »Die slowenische Presse wird mit der Mistgabel geschrieben«, heißt es in der *Deutschen Wacht* vom 16. Dezember 1906 abfällig. Die Slowenen zahlen mit gleicher Münze zurück.

Im November 1910 heiratet Friedrich, das schwarze Schaf der Bast-Familie, in der St.-Martins-Kirche. Im Kirchenbuch wird er als Friderik eingetragen, von Beruf Wirt, *gostilničar*, in Tüffer 48, dem Bast-Haus. Offenbar ein Notanker nach mehreren vergeblichen Versuchen, im Berufsleben Fuß zu fassen. Zwei Jahre zuvor war Friedrich als Aushilfsstationsmeister-Anwärter beim Bahnstationsamt Rosenbach auf der Kärntner Seite der Grenze aus dem Bahndienst entlassen worden. Seit jeher hat die ärarische Sprache eine Vorliebe für Wortzusammensetzungen. Das soll den staatlichen Institutionen Gewicht und Bedeutung verleihen.

Die Braut heißt Hermine Krasser, eine Wirtstochter aus einem kleinen Ort in der Südsteiermark. Als Trauzeugen werden Josef Sušin, Gastwirt, Markt Tüffer 48, also ebenfalls im Bast-Haus, sowie Franz Drolc, Organist, Laško 49, ins Kirchenbuch eingetragen. Drolc lässt als überzeugter Slowene »Laško« und nicht »Tüffer« hinschreiben. Dass der Kirchenschreiber seinen Vornamen eingedeutscht hat – Franz statt Franc –, wird ihn gewiss gekränkt haben. Damals existieren also zwei Gastwirtschaften im Bast-Haus, Sušin und Bast. Drolc wohnt gleich nebenan. Ob Pauline den Bruder in der Gastwirtschaft unterstützt, ist unbekannt. Ich vermute eher, dass sie ihm bis zu seiner Hochzeit den Haushalt führte.

Die Eintragung im Kirchenbuch belegt, dass die nationalen Auseinandersetzungen in vielen Fällen nicht imstande sind, nachbarschaftliche Beziehungen ernsthaft zu stören. Drolc ist bekannt als slowenischer Agitator, was ihn für Friedrich Bast nicht disqualifiziert, als Trauzeuge zu fungieren. War Friedrich weniger deutschnational gesinnt als seine Brüder? Auch der zweite Trauzeuge, Josef Sušin, ist Slowene. Eine Erklärung für Friedrichs slowenenfreundliche Haltung ist die Tatsache, dass er nicht studierte, also nicht dem radikalen Deutschnationalismus und Antislawismus ausgesetzt war, der in der Burschenschaft Germania in Graz gelebt wurde.

Diese Unstimmigkeiten innerhalb der Familie führten meines Wissens nie zu ernsthaften Auseinandersetzungen.

Die Familienbande sind fest genug, um den Zusammenhalt über solche Unterschiede hinweg zu sichern. Die Familie und die Freunde kommen zuerst, dann erst kommt die Ideologie. Politische Fragen und Einschätzungen werden vermieden.

Auch von Friedrich habe ich keine einzige Fotografie gefunden. Von den anderen Brüdern sehr wohl, ebenso von den vier Schwestern, nicht aber von Friedrich. Obwohl er den Kontakt zur Familie keineswegs abgebrochen hat. Es existieren Schreiben, in denen er sich bei seinem jüngeren Bruder Ernst für dessen Großzügigkeit bedankt, was auf finanzielle Zuwendungen schließen lässt. Vermutlich hat ihm Ernst öfter Geld zukommen lassen. Als Anwalt war er dazu in der Lage.

1910 heiratet auch Rudolf Bast, allerdings nicht in Tüffer, sondern in der kleinen evangelischen Kirche von Ljubljana, Laibach, wo seine Frau, meine Großmutter, zu Hause ist. Sein Vater war als Rheinländer katholisch, ebenso wie dessen Frau Juliane und die der Ehe entstammenden Kinder. Mein Großvater konvertierte als großdeutsch denkender junger Mann unter dem Einfluss der Los-von-Rom-Bewegung Georg von Schönerers zum Protestantismus. Die Entscheidung war wohl politisch motiviert. Schönerer besuchte mehrmals die Untersteiermark, um seine radikalen Ideen zu propagieren. Antikatholizismus, Antisemitismus, Deutschnationalismus. Der Protestantismus galt in diesen Kreisen als einzig wahre deutsche Religion, während der Katholizismus als verderbliches Propagandainstrument der Slowenen angesehen wurde, da Priester und Kirchendiener überwiegend Slowenen waren. »Ohne Juda, ohne Rom / wird gebaut Germaniens Dom«, lautete ein Wahrspruch Schönerers. Seine Anhänger trugen eine »preußisch-blaue« Kornblume am Revers, die Lieblingsblume Bismarcks und von Kaiser Wilhelm I., die später zum Symbol der illegalen Nationalsozialisten wurde und bis heute in einschlägigen Kreisen getragen wird.

Georg von Schönerer war Gutsherr in Rosenau im nördlichen Niederösterreich und ein nationaler Politiker. Er war Führer der Deutschnationalen Bewegung in Österreich und vertrat eine völkisch-germanische Ideologie im Verein mit einem rabiaten rassischen Antisemitismus. Sein Motto lautete: »Die Religion ist einerlei, im Blute liegt die Schweinerei.«

Zudem war Schönerer ein scharfer Gegner der österreichisch-ungarischen Monarchie, der sich für einen Anschluss ans Deutsche Reich einsetzte. Er war auch einer der Begründer des Deutschen Schulvereins, der in der Untersteiermark starken Einfluss ausübte. Sein rassischer Antisemitismus und sein Eintreten für eine sogenannte Reinigung Österreichs von angeblich volksfremden Elementen wie Slawen und Juden aus allen Staatsämtern erregte die Bewunderung Adolf Hitlers, als dessen Vorläufer Schönerer gilt.

Mein Großvater war ein überzeugter Schönerianer und aktiv im Deutschen Schulverein. Auch später, als er längst nach Amstetten übersiedelt war, blieb er ein kämpferischer Protestant, der sich gern mit katholischen Geistlichen anlegte. Während der Nazizeit trat er aus der protestantischen Kirche aus, um ihr nach 1945 wieder beizutreten. Pauline und die anderen Schwestern blieben katholisch, wobei es keinerlei Belege dafür gibt, dass sie besonders gläubig oder gar bigott gewesen wären.

Die meisten Fotografien meines Großvaters zeigen ihn als Student mit Deckel, wie die Mütze der Studentenverbindung genannt wird, und Band in den Farben der Grazer

Ausflug der Germania, Großvater (vordere Reihe rechts, zwischen zwei Mädeln), Onkel Ernst (oberste Reihe, Zweiter von rechts)

Germania über der Brust. Auf einem undatierten Foto sitzt er etwas behäbig inmitten anderer Burschenschafter und in Damenbegleitung da, auch einige Kinder sind dabei. Mein Großvater hat zwei Bänder über die Brust geschlungen, sein Gesicht ist sichtbar von Schmissen zerfurcht. Er trägt bereits den mir bekannten schmalen Schnurrbart, ähnlich wie der von Adolf Hitler. Als Einziger der Runde hat er links und rechts ein Mädchen eingehakt. Selbstsicher sitzt er da, als sei er die wichtigste Person der fröhlichen Gesellschaft. Ein Draufgänger in vielerlei Hinsicht, bei Auseinandersetzungen im studentischen Milieu ebenso wie bei Frauen. Ein fideler Schwerenöter, um einen aus der Zeit gefallenen Begriff zu gebrauchen, aber nicht der ideale Schwiegersohn, den sich Mütter für ihre Töchter wünschen.

Ein Ausflug der Germanen mit Anhang? In einem halb offenen Raum haben sie sich für das Gruppenbild versammelt, das Dach wird gestützt von geschnitzten Holzsäulen. Vermutlich handelt es sich um eine Gastwirtschaft am Land, der Raum könnte zu einer Kegelbahn gehören. Ganz hinten, in der letzten Reihe, im Schatten, sieht man den jüngeren Bruder Ernst, meinen Onkel Ernst, auch er mit Deckel. Seine Brillengläser blitzen.

Eine andere Fotografie zeigt den Großvater allein, wieder mit Deckel und Band über der Brust. An der rechten Westentasche trägt er den sogenannten Bierzipf, einen von Burschenschaftern getragenen (und oft getauschten) Anhänger, bestehend aus einem Couleurband in den Farben der jeweiligen Verbindung mit einigen silbernen, mit Widmung und Wappen geschmückten Gliedern.

Hier lacht ein geselliger Bursch in die Kamera. Ich habe ihn anders in Erinnerung – mürrisch, wortkarg, manchmal aufbrausend. Ein Raubein, obwohl er mir gegenüber unglaublich liebevoll sein konnte. Aber ich war wohl eine Ausnahme. Diese Fotografie hat er als Ansichtskarte an seinen jüngeren Bruder geschrieben, den »ehrenfesten Herrn Ernst Bast, Hörer der Rechte in Graz«. Datiert: »Gottschee, 23. 9. 09«. Mein Großvater ist also bereits in Gottschee gelandet, als Konzipient von Dr. Franz Golf.

Es ist seine zweite Anstellung. Noch vor seiner Promotion im November 1907 begann er als Kandidat bei Notar Dr. Hermann Wiesthaler in Windisch-Feistritz, Slovenska Bistrica, zu arbeiten, wo er auch im Deutschen Turnverein und dem Deutschen Schulverein aktiv war. Doch es hält ihn dort nicht lang. Als er Windisch-Feistritz verlässt, um wenig später in Gottschee, dem Zentrum der gleichnamigen deutschen Sprachinsel südlich von Ljubljana, in die Kanzlei von Franz Golf einzutreten, wird ihm bei einem feierlichen Abschiedsabend überschwänglich gedankt und tapferes Eintreten für die deutsche Sache bescheinigt. Mein Großvater weist dies bescheiden mit dem Hinweis zurück, es sei für ihn selbstverständlich gewesen, sich für die Interessen seines Volkes einzusetzen. Unerwähnt bleibt beim Fest, dass der Notariatskandidat in Windisch-Feistritz nicht nur gute Erinnerungen hinterlässt, sondern auch ein illegitimes Kind namens Günther Souvent.

Ist dieses Faktum mit ein Grund dafür, dass er dem kleinen Ort in der Nähe von Marburg den Rücken kehrt und in das Kronland Krain zieht? Sein honoriger Arbeitgeber war wahrscheinlich nicht sehr begeistert, dass der Kandidat der Juristerei sich als Schürzenjäger erwies. Denkbar auch, dass mein Großvater den Ortswechsel nutzte, um sich der Verantwortung für die Folgen der Liebschaft zu entziehen. Vieles weist darauf hin, dass er sich nie um seinen unehelichen Sohn gekümmert hat. Diese Aufgabe überließ er seinem Bruder Ernst, der Günther Souvent während der Studienzeit an der Montanuniversität Leoben finanziell unter die Arme griff.

Mein Großvater scheint aus der Affäre in Windisch-Feistritz nicht gelernt zu haben. Auch in Gottschee schwängert er eine junge Frau. 1909, ein Jahr vor seiner Hochzeit mit meiner Großmutter, bringt Cecilia Jaklitsch in Mooswald ein Mädchen zur Welt, das nach seinem Erzeuger Rudolfine getauft wird.

Für dieses Kind hat Großvater ebenfalls keine Verantwortung übernommen. Das erzählte mir Rudolfines Sohn, den ich in den 1990er Jahren kennenlernte. Damals waren wir beide bereits reife Männer. Cecilia wird 1910 von ihrer Familie nach Amerika geschickt, um die Schande aus der kleinen

Welt zu schaffen. In den USA leben zahlreiche Gottscheer, vermutlich hat auch die Familie Jaklitsch drüben Verwandte, die der Tochter behilflich sein können. Die kleine Rudolfine aber bleibt in der Gottschee bei den Großeltern und Cecilias älterer Schwester, ob mit oder ohne Einverständnis der Mutter, ist nicht bekannt. Cecilia heiratet in den USA und bekommt fünf Kinder. Nach Österreich kehrt sie 1961 zurück, im Alter von 75 Jahren. Doch Tochter Rudolfine, inzwischen selbst verheiratet, weigert sich, die Mutter zu sehen – sie wirft ihr vor, sie im Stich gelassen zu haben.

Pauline hat sich meines Wissens nie über den Lebenswandel ihres Bruders geäußert. Es ist denkbar, dass die Brüder Rudolfs Eskapaden vor ihr geheim gehalten haben. Pauline war 1910 35 Jahre alt und galt längst als alte Jungfer, doch sie konnte auf einen makellosen Ruf verweisen, was in dem kleinen Ort wichtig war. Sie war in keine nationalen Zwistigkeiten verstrickt und führte nach allem, was ich eruieren konnte, ein ruhiges Leben.

Im März 1911 stirbt meine Urgroßmutter Julie Bast, von der ich kein einziges Bild besitze. In einem Nachruf wird sie die »liebe Mutter Bast« genannt, die wegen ihrer Güte und ihres nie versiegenden Humors weit über Tüffer hinaus bekannt war. Für Pauline ist der Tod der Mutter ein schwerer Schlag, sie verliert ihre wichtigste, vielleicht einzige Bezugsperson. Ihre Schwestern Käthe und Josefine haben nach Zagreb geheiratet, Anna lebt mit ihrem Ehemann Wilhelm von Eckhel auf den jeweiligen Gütern, die er verwaltet, darunter auch das besagte Gutenhaag. Später ziehen auch die Eckhels nach Zagreb.

Ein Jahr nach Julies Tod, 1912, findet sich in der *Marburger Zeitung* eine Einschaltung:

»Haus in Markt Tüffer, … schönste Lage auf dem Hauptplatz, nahe der Kirche mit Gastwirtschafts- und Geschäftslokalitäten, prachtvollen Wohnungen, in gutem Bauzustand, ist wegen Todesfalls günstig zu verkaufen. Anfragen an Dr. Rud. Bast, Laibach, Wienerstraße 60.«

Warum der Verkauf des Bast-Hauses scheiterte, ist ungewiss. Rudolf Bast zieht 1912 mit seiner Frau Paula und dem 1911 in Gottschee geborenen Sohn Gerhard, meinem Vater, nach Amstetten, wo er sich als Rechtsanwalt niederlässt. Als Konzipient in Gottschee hat er nichts verdient und war auf die finanzielle Unterstützung seiner vermögenden Schwiegermutter angewiesen, um sich und seine kleine Familie zu erhalten. Für den stolzen Mann muss das bitter gewesen sein.

Dennoch bleibt mein Großvater mit Gottschee noch viele Jahre eng verbunden, da er eine im Kočevski Rog (Gottscheer Hornwald) gepachtete Jagdhütte bis zum Zweiten Weltkrieg behält. Dorthin fährt er jedes Jahr zur Jagd, nach Tüffer, ins Elternhaus, wo Pauline wohnt, zieht es ihn seltener. Es scheint fast, als habe er sich der Familie entfremdet, anders als sein Bruder Ernst, der mit kindlicher Liebe an Tüffer hängt und den Ort als seine wahre Heimat empfindet, auch später noch, als der Marktflecken offiziell nur mehr Laško genannt werden darf, und er selbst längst Rechtsanwalt in Amstetten ist.

Ludwig, der älteste der Bast-Söhne, verlässt schon vor Ausbruch des Ersten Weltkriegs die Untersteiermark und siedelt sich als Arzt in St. Georgen an der Stiefing in der Nähe von Wildon in der Südsteiermark an. Von seiner Zeit in Tüffer sind zahlreiche Fotografien im lokalen Museum zu finden, die ihn als großen Jäger ausweisen. Auf einer von ihnen sieht man ihn nach erfolgreicher Hirschjagd, das erlegte

Wild liegt auf einem Bett aus Tannenreisern, dahinter sitzen die Treiberbuben, die Hüte auffällig mit weißen Blumen geschmückt. Einer hält einen Dachshund auf dem Schoß. Auch der Hund dient als Treiber. Blumen tragen auch die meisten Mitglieder der Jagdgesellschaft am Hut, einer, ein dicker junger Mann in der Mitte, hat sogar am Revers und auf der Brust Blumen angesteckt. Irgendwie wirken sie wie die Darsteller in einem Theaterstück. Bemerkenswert erscheint, dass sich unter den Jägern, die hinter den Treiberbuben Aufstellung genommen haben, auch eine Frau befindet, auch sie mit Blume am Hut. Sie dürfte jedoch nicht zur Jagdgesellschaft gehören. Ganz rechts steht ein Jäger mit einem Horn auf der Brust, der vermutlich den Hirsch, wie ein edles Wild es verdient, totverblasen hat. Der schmale Bursche neben ihm, der herausfordernd in die Kamera schaut, das ist mein Großvater Rudolf. Er wirkt, als habe er eine schwere Krankheit hinter sich. Gleich neben ihm, mit Brille, steht sein älterer Bruder Ludwig, auch er ein leidenschaftlicher Jäger. Auf der Fotografie sind Deutsche und Slowenen friedlich vereint, das Jagdfieber war offenbar imstande, nationale Gegensätze zu überwinden.

Die Hirschjagd, deren ruhmreiches Ende die Aufnahme zeigt, fand am 15. März 1906 statt. Das wissen wir so genau, weil im Revier von Tüffer zwischen 1892 und 1915 nur ein einziger Hirsch erlegt wurde, ebenjener, der auf der Fotografie zu sehen ist. Daher ging dieses Ereignis in die lokale Geschichte ein. Als damals gemeldet wurde, in der Nähe des Ortes sei ein Hirsch gesichtet worden, machten sich die Jäger unverzüglich auf den Weg, um das Wild zur Strecke zu bringen, bevor es Gelegenheit hatte, sich in ein benachbartes Revier abzusetzen. Begleitet wurden die Jäger neben

Hirschjagd in Tüffer, 1906, Ludwig Bast (Dritter von rechts),
Großvater (Zweiter von rechts)

den Treiberjungen von zwei Hunden, die dann den Hirsch aufstöberten. Als er erlegt war, brachten sie ihn auf einem Wagen nach Tüffer, wo sie mit Gewehrsalven und Hochrufen begrüßt wurden.

Der historische Moment wurde schriftlich festgehalten in einer zeitgenössischen Chronik von Karel Valentinič, Lehrer, Naturwissenschaftler und Lokalhistoriker sowie Begründer des Museums von Laško. Dort findet sich auch, dass Ludwig Bast den ersten Schuss abgegeben hat. Die Chronik weiß sogar, dass die Jäger einander am 18. März in der Gastwirtschaft Gradt wieder trafen, um den Erfolg mit einem von der Wirtin Gradt zubereiteten Hirschgulasch zu feiern.

Über die Jagd in der Untersteiermark erzählte mir der Schweizer Psychoanalytiker und Autor Paul Parin, der in der Nähe von Cilli aufgewachsen ist. Sein aus Triest stammender Vater lebte als Großgrundbeitzer in Novi Klošter, nicht weit von Laško entfernt. Zum Besitz gehörten zwei große Pachtjagden, die Parin Gelegenheit gaben, schon als Halbwüchsiger seiner Jagdleidenschaft nachzugehen. Als Parin hörte, dass mein Großvater und seine Brüder ebenfalls passionierte Jäger waren und in den Revieren um Laško gejagt hatten, begann er mich über die Familie auszufragen, über ihre Herkunft, die politischen Ansichten, das Studium der Brüder und meines Vaters in Graz, der ein paar Jahre älter war als er selbst, ihre Zugehörigkeit zur Burschenschaft Germania, vor allem aber über die Jagd. Ich wußte darüber wenig bis nichts. In den Gesprächen mit Parin wurde mir klar, welche Bedeutung die Jagd für meine Verwandten gehabt haben musste, vor allem in jungen Jahren – sie war so etwas wie eine Initiation, ähnlich wie später das Mensurfechten.

Parin erzählte auch von seiner Studienzeit in Graz in den dreißiger Jahren. Als Jude habe er den Antisemitismus der schlagenden Burschenschafter am eigenen Leib zu spüren bekommen, er musste sich immer vorsehen, ob sie ihm nicht auflauerten, um ihn mit Stöcken blutig zu schlagen. Er habe sich nie versteckt, sondern ihnen die Stirn geboten, einmal habe er einen besonders aufsässigen Burschenschafter zum Duell mit schweren Pistolen, Smith & Wesson, auf kurze Distanz, gefordert. Parin war eher schmächtig, doch er war ein hervorragender Schütze, der Burschenschafter habe gekniffen und sich herausgeredet, dass Parin als Jude nicht satisfaktionsfähig sei. Ob der Gegner ein Grazer Germane war, vermochte Parin nicht zu sagen. Das erzählte er mir in seiner Wohnung in Zürich, die ich als unglaublich verraucht in Erinnerung habe, die Wände – an einer hing ein Bild von Matisse – waren regelrecht nikotinbraun gefärbt.

Die Jagd spielte im Gesellschaftsleben von Laško eine wichtige Rolle. Die Jäger bildeten eine verschworene Zunft, bei der die ethnische Zugehörigkeit kaum von Bedeutung war. Es war damals Mode, sich in Jagdkleidung und mit Jagdwaffen fotografieren zu lassen. Auf einer undatierten Fotografie sind vier Bewohner von Tüffer, Freunde und Verwandte der Bast-Familie zu sehen. Ganz links Alois Kraker, aus der Gottschee gebürtig und als Notariatskandidat nach Tüffer gekommen, ein enger Freund von Ernst Bast. Neben ihm seine Frau Adolfine, Dolfa, Tochter des ehemaligen Bürgermeisters von Tüffer, Adolf Weber. Sie hält ein Luftgewehr in Händen, ähnlich wie die neben ihr stehende Martha Standegger, Lehrerin und Enkelin von Mihal Lažić sowie Cousine von Gustav Schmidinger, der das Quartett vervollständigt. Auch Martha posiert mit einer Luftbüchse oder einem Kleinkalibergewehr, einem Tesching. Die Männer sind mit echten Schrotgewehren ausgerüstet. Alle vier schauen ernst, Kraker geradezu grimmig, und alle in eine andere Richtung. Die Jagd ist keine kurzweilige Unterhaltung, auch wenn man nur für eine fotografische Aufnahme posiert.

Eine viel frühere Aufnahme zeigt wieder Gusti Schmidinger und seine Cousine Martha Standegger als Kinder. Karl Standegger, der später Jus studieren und der Germania in Graz beitreten wird, so wie die meisten deutschen Tüfferer. Neben ihm seine Schwester Martha. Karl hält Zügel in der Hand, die anscheinend an Gustis Gürtel befestigt sind. Neben Gusti Schmidinger seine Schwester Lexa, die spätere Frau von Ernst Bast.

An den reichen Kleidern und Spielsachen, der Puppe in Marthas Schoß und dem sorgfältig gefertigten Puppenwagen, den Lexa seltsam steif hält, sieht man, dass die

Kinder aus vermögendem Haus stammen. Die Hautevolee von Tüffer. Auch auf dieser Aufnahme blicken alle ernst, jeder in eine andere Richtung. Das Fotografiertwerden war für die Kinder offenbar alles andere als ein Vergnügen.

Anfang 1914 heiratet Ernst Bast in Tüffer seine Jugendfreundin Alexandra (Lexa) Schmidinger. Sie stammt aus einer angesehenen Familie im Ort. Ihr Großvater, Mihael Lažić, war Slowene, doch seine drei Töchter heiraten deutschsprachige Bürger, damals noch kein Problem. Auch nicht der Umstand, dass sich die Töchter und deren Kinder rasch eindeutschen. Lexas Bruder, Gustav oder Gusti, der zusammen mit Alois Kraker, dessen Frau und Gustis Cousine Martha Standegger auf der Jagdaufnahme posiert, wird zum besten Freund von Ernst Bast. Er studiert Technik in Graz und wird ebenfalls Mitglied der Burschenschaft Germania. Trotzdem scheint Gusti nicht anfällig für den Nationalismus und Slowenenhass seiner germanischen Bundesbrüder.

Durch die Heirat mit Lexa Schmidinger kommt Ernst Bast in eine der angesehensten Familien von Tüffer. Eine der drei Lažić-Töchter, Anna, eine Tante von Lexa, war mit dem langjährigen Bürgermeister von Tüffer, Conrad Amon, verheiratet, von dem sie Häuser, aber auch Ackerland und Weingärten erbt. Auf einem undatierten Foto sieht man Anna Amon, schwarz gekleidet, eine Schüssel (vermutlich mit Pršut, luftgetrocknetem Rohschinken) in Händen, inmitten einer Gesellschaft bei einem Weinlesefest in ihrem Weingarten. Dass Anna schwarz gekleidet ist, weist darauf hin, dass die Aufnahme nach dem Tod ihres Mannes entstanden ist. Conrad starb 1899 mit 65 Jahren. Auffallend ist, dass sich in der familiären Gesellschaft vier Priester befinden, alle aus der Familie Krener, eine entferntere Verwandt-

Im Weingarten der Anna Amon (Mittlere Reihe, Zweite von links), Gusti und Lexa (Oberste Reihe, Zweiter und Dritte von links)

schaft. Ganz links oben sieht man Maria Schmidinger, daneben ihre Kinder Gusti und Lexa. Auf der Rückseite hat Ernst Bast die Abgebildeten penibel benannt.

Mit Anna Amon blieb er bis zu ihrem Tod in enger Verbindung. Es existieren zahlreiche Briefe und Karten von und an Tante Anna, und auch viele Aufnahmen, auf denen sie zu sehen ist.

Nach der Hochzeit mit Lexa zieht Onkel Ernst mit ihr nach Windischgraz, Slovenj Gradec, wo er bei Dr. Kiesewetter als Konzipient tätig ist. Ein Foto mit seiner Frau zeigt einen jungen Mann, der selbstsicher, wenn nicht gar arrogant durch seinen Zwicker in die Kamera schaut. Die junge Frau hat ihn eingehakt, wirkt jedoch abwesend. Ein lebens-

Ernst Bast und Lexa, 1915

frohes junges Paar schaut anders aus. Das Foto stammt von 1915. Auf einem zweiten Abzug derselben Aufnahme sehen wir Ernst Bast allein, seine Ehefrau hat er kurzerhand weggeschnitten, nur mehr ihre linke Hand ist zu sehen. Vermutlich hat er das Foto nach Lexas frühem Tod im Jahr 1925 so zugerichtet. Auf der Rückseite steht in Onkel Ernsts Handschrift: »1915 Dr. Ernst Bast eingerückt bei I. R. 87 nach Cilli, dzt. in Zivil.«

Von seiner eliminierten Frau kein Wort. Das k. u. k. Infanterieregiment »Freiherr von Succovaty« Nr. 87 ist das Hausregiment von Cilli. Die Regimentssprache war Slowenisch. Ernst Bast wird dem Sanitätskorps zugewiesen, belegt durch

Fotos, die ihn in Uniform mit Rot-Kreuz-Binde zeigen. Ein knappes Jahr später wird er wegen hochgradiger Kurzsichtigkeit als nicht kriegsdienstfähig entlassen und kann seine Konzipiententätigkeit in Windischgraz fortsetzen.

Mein Großvater wird ebenfalls 1915 assentiert, er meldet sich als Freiwilliger zum Grazer Hausregiment Nr. 27, »König der Belgier«, zu dem er schon 1903 eingezogen worden war. Nach kurzem Dienst an der Front wird er dem Heeresdivisionsgericht Graz als juristische Hilfskraft zugewiesen. Seine Zeugnisse sind vorzüglich.

Der Ausbruch des Ersten Weltkriegs bedeutet zunächst eine Beruhigung der ethnischen Konflikte. Die Mobilmachung wird enthusiastisch begrüßt, auch unter der slowenischen Mehrheitsbevölkerung der Untersteiermark. In den Jahren zuvor waren mehr und mehr Slowenen unter dem Eindruck der unnachgiebigen Haltung der Deutschen, die ihre Privilegien um jeden Preis verteidigten wollten, auf Distanz zu Österreich gegangen und hatten sich einem nicht näher definierten Jugoslawentum zugewandt, das mit ebenso unklaren Sympathien für Serbien verbunden war. Dennoch ziehen die meisten slowenischen Rekruten mit Blumen und Bändern in den österreichischen Nationalfarben am Revers und auf der Kappe fröhlich singend in den Krieg. Die Auseinandersetzungen zwischen den Volksgruppen werden von der allgemeinen Kriegsbegeisterung vorerst verdrängt. Doch die Wiener Regierung misstraut den Slowenen. Sie verfügt strenge Zensur- und Polizeimaßnahmen und verbietet national orientierte slowenische Blätter. Darüber hinaus kommt es zu Verhaftungen slowenischer Politiker und Intellektueller, unter ihnen der Nationaldichter Ivan Cankar, ein bekennender Sozialist. Den Slowenen schlägt vonseiten ihrer deutschen Mitbürger und der Behörden Argwohn entgegen, viele Deutsche fühlen sich bemüßigt, sie als potenzielle Serbenfreunde und Verräter zu diffamieren, was die ethnischen Spannungen aufs Neue verschärft.

Bereits in den ersten Wochen nach Kriegsausbruch kommt es zu einer Serbophilen-Hysterie. Ein slowenischer Kanzleigehilfe wird in Pettau, Ptuj, verhaftet, weil er angeblich vor einem Gasthaus mehrmals *»Živio Princip!«* (Es lebe Princip!) gerufen haben soll. Er wird in das Marburger Kreisgericht eingeliefert. In der Bergarbeitersiedlung Trifail, Trbovlje, wird die Absolventin eines Laibacher Mädchenlyzeums unter dem Verdacht des Hochverrats in Gewahrsam genommen – das Mädchen ist mit einem Serben verlobt. Besonders scharf beobachtet werden die slowenischen Sokolvereine, Turnvereine, die als Herd der panslawistischen Agitation gelten. Großes Misstrauen schlägt auch slowenischen Priestern und Kirchendienern entgegen, die pauschal als Vaterlandsverräter und potenzielle Spione betrachtet werden. Nachrichten, wonach slowenische »Hetzpriester« dem Gericht eingeliefert wurden, mehren sich in den deutschsprachigen Blättern. Es kommt geradezu zu Massenverhaftungen. So meldet die *Marburger Zeitung* im August 1914, dass an einem Tag 295 Menschen aus den südlichen Landesteilen ins Gefängnis in Marburg gebracht wurden, unter ihnen Geistliche und viele Akademiker. Auch Tüffer wird von der Hetze gegen Slowenen nicht verschont. Am 21. August 1914 wird der Weinhändler Ignaz Kos wegen angeblich hochverräterischer Äußerungen ins Landwehrgericht Graz eingeliefert.

In Zeiten wie diesen treibt das Denunziantentum üppige Blüten. Umstandslos kann man im Vollgefühl patriotischer

Pflicht unliebsame Personen bei den Militärbehörden wegen hochverräterischer Umtriebe und Serbenfreundlichkeit vernadern.

Auf angebliche ausländische Spione und Saboteure wird von der patriotisch erregten Bevölkerung eifrig Jagd gemacht, wobei oft auch harmlose Reisende ins Visier der Behörden geraten. Einmal verhaftet, ist es nicht leicht, den Fängen der voreingenommenen Militärjustiz zu entkommen.

Die Kriegsbegeisterung verfliegt rasch. In der *Deutschen Wacht* erscheinen erste Todesanzeigen, doch bald auch umfängliche Verlustmeldungen des in Cilli beheimateten Infanterieregiments Nr. 87, in denen die Gefallenen, Verwundeten, Vermissten und Kriegsgefangenen aufgelistet werden. Auch Tüffer hat Opfer zu beklagen. Am 28. November 1914 fällt der 23-jährige Kadett-Aspirant und Jurist Karl Standegger, Cousin von Gusti und Lexa Schmidinger, die kurz zuvor Ernst Bast geheiratet hat. In dessen Nachlass bin ich auf Nachrufe und Todesanzeigen für Karl Standegger gestoßen, darunter eine der Grazer Burschenschaft Germania.

»Unser lieber aktiver Bursch
Jurist Karl Standegger
Kadett-Aspirant im 27. Infant-Regim.
Der freiwillig in den Kampf fürs Vaterland gezogen war, hat am 28. November in den Karpathen den Heldentod gefunden.
Ehre seinem Andenken
Für die Burschenschaft ›Germania‹ in Graz
Dr. Hermann Wiesthaler, A. H.«

Beim Notar Hermann Wiesthaler in Windisch-Feistritz hat mein Großvater Rudolf Bast 1907 als Notariatsanwärter zu arbeiten begonnen. Vermutlich spielte die Tatsache, dass beide der Burschenschaft Germania angehörten, eine wesentliche Rolle.

Ein anderer Germane, Ludwig Bast, der älteste der Brüder, in Zivil als Landarzt in St. Georgen an der Stiefing in der Steiermark tätig, meldet sich bei Ausbruch des Krieges freiwillig zum Landsturm und wird als Oberarzt dem Reservespital Nr. 1 in Marburg/Maribor zugeteilt. Eine Fotografie, die er am 3. Dezember 1914 als Ansichtskarte an seinen Bruder Ernst in Windischgraz schickt, zeigt ihn mit Glatze und Operationsschürze am Bett eines Verwundeten, umgeben von Schwestern und Assistenten.

Ludwig wird in Anerkennung vorzüglicher und aufopferungsvoller Dienstleistung im Krieg mehrmals vom Kaiser ausgezeichnet.

Hat Pauline in Tüffer die Auswirkungen des Krieges zu spüren bekommen? Eindeutige Unterlagen existieren nicht. Natürlich wird sie, wie die meisten Bürger, unter der sich verschärfenden Mangelwirtschaft gelitten haben, unter den zahlreichen behördlichen Verordnungen und Vorschriften, den Rationierungen und Verboten, die den Menschen das Leben schwermachen. So wird die gewerbsmäßige Herstellung sämtlicher Hefe- oder Germteigwaren, wie Kuchen, Brioche, Gugelhupf, Potitzen oder Faschingskrapfen, verboten. Die Behörden verordnen darüber hinaus, dass nur mehr ein einheitliches Weißgebäck hergestellt werden darf, die sogenannte Kriegssemmel, mit einem Zusatz von dreißig Prozent Gerstenmehl, Maismehl oder Kartoffelbrei. Von Drolc wird erzählt, dass er zum Frühstück gern Semmeln aß, gute resche Kaisersemmeln, die es jetzt nicht mehr gibt.

Doch Tüffer hat enge Verbindungen zum agrarischen Umland, die die Versorgung erleichtern. Manchmal wird Pauline von Nachbarn und Freunden mit Erdäpfeln, Gemüse, Obst, auch mit Hühnern, Fisch und Wildbret beliefert. Das ist zwar verboten, doch in der kleinen Ortschaft drücken die Behördenvertreter ein Auge zu. Sie selbst sind auch auf solche Angebote angewiesen. Pauline wird vor allem von ihren Schwestern unterstützt, von Käthe, die mit ihrem Mann Milan Kreković in Zagreb ein Haus mit großem Garten besitzt. Daneben bewirtschaften sie auch einen Weingarten. Paulines Schwester Anna, verheiratet mit dem Gutsverwalter Wilhelm von Eckhel, kommt ebenfalls mühelos an rationierte Nahrungsmittel heran.

Ob sich Pauline von ihren kriegsbegeisterten Brüdern anstecken ließ? Sie versuchte wohl, ihr Leben unauffällig weiterzuführen, ohne die slowenischen Mitbürger durch germanische Hurraparolen oder gar Hetzreden vor den Kopf zu stoßen.

Im Oktober 1914 stirbt in Zagreb der vermögende Holzhändler Guido Prister, der Mann von Josefine Bast. Er hinterlässt die Witwe mit zwei Kindern, Guido und Klara. Guido hält sich oft in Tüffer auf, wo er besonders von Gusti Schmidinger und Ernst Bast unter die Fittiche genommen wird. Es gibt keinen Zweifel, dass er trotz des jüdischen Vaters zur Familie gehört.

Eine Aufnahme aus der Zeit nach 1918 zeigt Ernst Bast, Guido Prister und Gusti Schmidinger auf einer Wanderung in der Umgebung von Tüffer. Ernst und Gusti sind Alte Herren der Burschenschaft Germania in Graz, in der ein radikaler Antisemitismus gepflegt wird, auch über die Studentenjahre hinaus. Im Nachlass von Onkel Ernst habe

Ernst Bast, Guido Prister und Gusti Schmidinger
(von links nach rechts)

ich ein Exemplar des antisemitischen Pamphlets »Protokolle der Weisen von Zion. Das Welteroberungsprogramm der Juden« gefunden, auf dem Vorsatzblatt mit dem handschriftlichen Vermerk versehen, dass er die Broschüre am 8. 1. 1925 erworben hat. Da war er bereits Rechtsanwalt in Amstetten. Erschienen ist die Ausgabe im Dezember 1924. Dem Buch, versehen mit zahlreichen Anmerkungen, liegt ein Zettel bei, wonach Ernst Bast bei einer Amstettner Buchhandlung zwei weitere Exemplare der »Geheimnisse (sic!) der Weisen von Zion« bestellt hat. Datum: 7. Februar 1977. Zu diesem Zeitpunkt war Onkel Ernst knapp neunzig.

Einerseits studiert er also eifrig eine der einflussreichsten antisemitischen Schriften, andererseits gibt er sich größte Mühe, seinem Neffen Guido, Halbwaise und Halbjude, um die Diktion der Nationalsozialisten vorwegzunehmen, ein liebevoller und hilfreicher Onkel zu sein. Wie geht das zusammen? Wohl dadurch, dass Guido als zur Familie gehörig betrachtet wird.

Auf dem Foto scheinen alle drei bestens gelaunt. Der halbwüchsige Guido fühlt sich in Gesellschaft der zwei Germanen sichtlich wohl. Allerdings trägt er, im Unterschied zu den beiden, keine Lederhosen, schon damals die Tracht bekennender Deutschnationaler. Aus Guidos Sicht ist das gewiss kein politisches Statement – im urbanen Zagreb war die alpine Beinbekleidung kaum bekannt.

In den dreißiger Jahren bekommt das sogenannte »Steirerg'wand« zunehmend politische Bedeutung, vor allem die Lederhose und die weißen Stutzen. Slowenen betrachten das Steirerg'wand als provokantes Bekenntnis zum völkischen Deutschtum und reagieren entsprechend. Manchmal kommt es, deutschen Blättern wie der *Marburger Zeitung* zufolge, zu einer regelrechten »Jagd auf weiße Strümpfe, Dirndlkleider und Lederhosen«. Bei deutschnationalen Versammlungen mischen sich Slowenen unter das Publikum und spritzen unauffällig aus Füllfedern Tinte auf die weißen Beinkleider. Manchmal überfallen sie Träger der Tracht und ziehen ihnen die Stutzen aus, um sie öffentlich unter Gejohle zu verbrennen. Ich erinnere mich noch sehr gut daran, dass sich Onkel Ernst noch Jahrzehnte später damit brüstete, in Lederhosen und weißen Stutzen durch Tüffer stolziert zu sein.

Auch in Österreich trugen illegale Nazis, um die Behörden des Ständestaates zu provozieren, gern Lederhosen und weiße Stutzen und am Revers eine Kornblume, die Schönerer als Symbol deutscher Treue bezeichnet hatte.

4

Am 16. November 1897 wird in dem überwiegend von Slowenen bewohnten Vogrče, deutsch Rinkenberg, in der Südkärntner Gemeinde Bleiburg, Pliberk, Elisabeth Perbil geboren. Ihr Vater Martin ist Schneider in der Mrčjakkeusche in Rinkenberg, unehelicher Sohn der Keuschlerstochter Maria Perbil aus Golavabuka bei Windischgraz, die Mutter Gertraud, geborene Gradišnik, entstammt einer kleinen Bauernfamilie. Elisabeths Großvater mütterlicherseits ist der Homasbauer in Rinkenberg. Als Taufpatin wird Agnes Dobrovnik, Bunčekbäuerin ebendort, eingetragen. Ein durchwegs slowenisches Milieu.

Vogrče ist ein Weiler mit etwas mehr als zweihundert Einwohnern, aber mit einer weit zurückreichenden Geschichte. In den neunziger Jahren des zwanzigsten Jahrhunderts begeht der kleine Ort sein achthundertjähriges Jubiläum. Die Pfarrkirche, gewidmet dem heiligen Florian, wird erstmals 1193 urkundlich erwähnt.

Deutsche und Slowenen verbindet nicht nur in der Untersteiermark eine oft schmerzhafte Geschichte. Ähnlich sind die Verhältnisse in manchen Regionen der Mittelsteiermark, in Graz und kleineren Ortschaften, wie zum Beispiel Radkersburg, Radgona, wo Deutsche und Slowenen seit Jahrhunderten nebeneinander siedeln und durch zahllose familiäre, kulturelle und wirtschaftliche Beziehungen miteinander verbunden sind. Und natürlich auch in Südkärnten, von Villach über Völkermarkt bis Bleiburg, die Hauptstadt Klagenfurt, slowenisch Celovec, nicht zu vergessen.

In diesen Gebieten stellen nicht, wie in der Untersteiermark, die Slowenen die Mehrheitsbevölkerung, sondern die Deutschen oder die deutschsprachigen Österreicher. Lange Zeit verläuft das Miteinander einigermaßen friedlich, doch mit dem Aufkommen des Nationalismus, vor allem des völkischen Deutschnationalismus in enger Verbindung mit einem radikalen Antislawismus, verschärft sich das Klima dramatisch, wobei die Slowenen naturgemäß die schlechteren Karten haben.

Trotz der bescheidenen Voraussetzungen erhält Elisabeth Perbil, die später Elise oder Elsa Perbil und schließlich Elsa Perbel genannt wird, eine solide Schulbildung. Zuerst besucht sie die Volksschule in Rinkenberg, dann, von 1910 bis 1912, die sechsklassige Mädchen-Übungsschule der Kaiser Franz Joseph-Lehrerinnenbildungsanstalt der Schulschwestern in Marburg, die sie mit ausgezeichneten Zeugnissen absolviert. Schließlich wird sie an die Handelsschule für Mädchen an der Frauengewerbeschule in Marburg geschickt, die sie ebenfalls mit besten Beurteilungen abschließt. Dort lernt sie Buchhaltung, Wechsellehre, Kontorarbeiten, Handelskorrespondenz und Stenographie, Kenntnisse, die ihr später zum Vorteil gereichen sollten. Vor dem Ersten Weltkrieg ist das eine keineswegs übliche Schullaufbahn für eine slowenische Keuschlerstochter. Es ist anzunehmen, dass Elisabeths Muttersprache Slowenisch war, doch in der Schule in Marburg wird Deutsch gesprochen, was dem Mädchen offenbar keine Probleme bereitet. Unterrichtssprache sehr gut, ist im Zeugnis zu lesen.

Ein begabtes und eifriges junges Mädchen, das sich auch im Berufsleben durch Fleiß und Strebsamkeit auszeichnet. Elisabeth setzt alles daran, um sich hochzuarbeiten und den Aufstieg mit eigenen Mitteln zu schaffen. Warum sie den Familiennamen von Perbil zu Perbel ändert, bleibt unklar. Vielleicht geht das auch zu Lasten eines schlampigen Schreibers.

Wie ihre Noten in der Schule sind auch ihre Berufszeugnisse durchwegs hervorragend. Alle Arbeitgeber bescheinigen ihr Fleiß und Verlässlichkeit, Treue und Ehrlichkeit, egal, ob sie im Komptoir einer Fleischselcherei mit Maschinen- und Motorenbetrieb oder in einer Buch- und Musikalienhandlung in Graz beschäftigt ist. Vom 1. Mai 1917 bis 31. Dezember 1919 arbeitet Elsa Perbel in der Kanzlei des Rechtsanwalts Dr. Max Kiesewetter, zuerst in Windischgraz, Slovenj Gradec, und dann in Hartberg in der Oststeiermark, wohin Kiesewetter nach dem Krieg seine Kanzlei verlegt.

Deutsche Rechtsanwälte sowie Lehrer und andere Beamte haben es schwer im neu entstandenen Staat der Slowenen, Kroaten und Serben (SHS), viele werden entlassen, andere räumen unter dem Druck der politischen Verhältnisse freiwillig das Feld. Das Pendel hat umgeschlagen. Die Deutschen erfahren jetzt, was es bedeutet, um Rechte kämpfen zu müssen, die ihnen oft willkürlich vorenthalten werden. Ähnlich sind sie einst mit ihren slowenischen Landsleuten verfahren. Immerhin halten die Deutschen in der Untersteiermark auch nach dem ersten Krieg in der Wirtschaft ihre führende Stellung.

Bei Kiesewetter in Windischgraz lernt Elsa Perbel den Konzipienten Ernst Bast kennen, mit dem sie bis zu ihrem Tod eng verbunden bleiben wird. Wie Kiesewetter verlässt Ernst Bast nach dem verlorenen Krieg die Untersteiermark und zieht mit seiner Frau und dem in Windischgraz zur Welt gekommenen Sohn nach Amstetten, wo sein älterer Bruder, mein Großvater, noch während des Krieges seine

Fräulein Perbel

eigene Kanzlei eröffnet hat. 1919 gibt Ernst Bast bekannt, dass er in Amstetten in die Kanzlei seines Bruders eingetreten ist. Als Einstandsgeschenk bringt er die Kanzleikraft Elsa Perbel mit, die er seinem ehemaligen Chef abspenstig gemacht hat. Wie das geschah, vermag ich nicht zu beantworten. Es scheint offensichtlich, dass Fräulein Perbel, wie sie später genannt wird, eine starke emotionale Bindung zu ihrem neuen Chef verspürt. Das besagen jedenfalls Gerüchte, die ich als Kind in Amstetten aufgeschnappt habe, und es gibt auch genügend andere Hinweise in diese Richtung. Fräulein Perbel dient Onkel Ernst jahrzehntelang treu als hervorragende Sekretärin und bald Kanzleileiterin, aber auch als Ratgeberin in vielen Belangen, auch in privaten Dingen.

Ich habe Fräulein Perbel in den 1950er Jahren kennengelernt. Im Haus von Ernst Bast bewohnte sie eine kleine Wohnung gleich neben der Kanzlei, in die sie mich manchmal rief, um mir Naschereien anzubieten. Ich sehe sie vor mir, wie sie eine Bensdorp-Schokolade hervorholt und mir lächelnd überreicht, worauf ich, wie meine Großmutter mir das eingebläut hat, einen artigen Diener mache und dann, ein paar Worte des Dankes stammelnd, möglichst rasch den Rückzug antrete, bevor sie mir noch unerwünschte Zärtlichkeiten angedeihen lässt. Ganz geheuer war mir die kleingewachsene Person nie, Schokolade hin oder her.

Es gab in der Kanzlei meines Großonkels damals noch eine andere, Fräulein Perbel untergeordnete Kanzleikraft namens Fräulein Vlasak. Ihren Vornamen habe ich nie erfahren, Hilfskräfte hatten damals keine Vornamen. Fräulein Perbel, Fräulein Vlasak, das war's. Das Verhältnis von Fräulein Vlasak zu Onkel Ernst war nicht immer das beste, wie ich einem Zettel entnehme, den ich in seinem Nachlass gefunden habe.

»Die ›Idiotin‹ verzichtet auf das Weihnachtsgeschenk, 27. 12. 1975«, heißt es auf dem maschingeschriebenen Zettel lakonisch. Unterschrift: »Vlasak«.

Ich habe das gescholtene Fräulein Vlasak als groß und schlank, beinahe schlaksig in Erinnerung, meist gekleidet in gedeckte Braun- oder Blautöne. Wie alt sie war, kann ich beim besten Willen nicht sagen. Stets wirkte sie auf mich gehemmt und schüchtern. Von ihr gab es keine Schokolade, und dennoch hatte ich sie gern.

Wann das tüchtige Fräulein Perbel den Wandel von der

Kärntner Slowenin zur aktiven, ja fanatischen Verfechterin Großdeutschlands und später des Nationalsozialismus vollzog, lässt sich nicht festmachen. Vermutlich setzte diese Wandlung mit ihrem Eintreten in die Kanzlei von Dr. Kiesewetter in Windischgraz ein, der in der mehrheitlich deutschsprachigen Kleinstadt eine »Speerspitze des völkischen Schutzkampfes« darstellte, wie das hieß. Sicher wird auch Ernst Bast, Alter Herr der Germania, sein Schärflein dazu beigetragen haben. Dr. Kiesewetter war froh, dass sie Slowenisch in Wort und Schrift beherrschte, denn viele seiner Klienten waren Bauern oder Handwerker aus der Umgebung, doch das änderte nichts an seiner deutschnationalen Haltung, die in der gesamten Kanzlei als verpflichtend galt.

Die Tatsache, dass Fräulein Perbel ihm nach dem Zusammenbruch der Habsburgermonarchie nach Hartberg folgte und nicht in Slowenien blieb, ist ein Zeichen dafür, dass sie für sich eine Entscheidung getroffen hatte. Sie war bereit, ihre nationale Identität aufzugeben und sich bedingungslos zu germanisieren – mit allem, was dazugehörte.

Ob das alles so zutrifft, kann ich natürlich nicht sagen. Sie selbst hat sich dazu nicht geäußert. Womöglich tue ich ihr Unrecht. Aber Tatsache bleibt, dass Fräulein Perbel zu einer fanatischen Nationalsozialistin wurde.

Es war nicht so selten, dass junge Slowenen diesen Weg wählten, um den sozialen und wirtschaftlichen Aufstieg zu schaffen. Bemerkenswert ist jedenfalls, dass Fräulein Perbel für diese Umorientierung ausgerechnet die Zeit wählte, in der die Slowenen in der Untersteiermark erstmals das Sagen hatten. In slowenischen Kreisen wurde das als Verrat angesehen, doch das kümmerte sie in Amstetten nicht.

5

Noch vor dem Ende des Ersten Weltkriegs gab es mehrere Anläufe südslawischer Politiker, die von Slowenen, Kroaten und Serben bewohnten Gebiete der Monarchie zu einem selbständigen Staat zusammenzuschließen. Rege Diskussionen entwickelten sich darüber, welche Territorien einem geeinten südslawischen Staat angehören sollten, wobei weitgehend Einigkeit darüber herrschte, dass er alle Gebiete umfassen müsste, in denen Slowenen, Kroaten und Serben geschlossen lebten.

Im Oktober 1918 trat in Zagreb der Nationalrat der drei Nationen zusammen, der den unabhängigen Staat der Slowenen, Kroaten und Serben, *Država Slovenaca, Hrvata i Srba,* ausrief. Gleichzeitig kam es in Ljubljana zu einer großen Unabhängigkeitsmanifestation, der wenig später die Bildung der ersten slowenischen Regierung, *Narodna vlada SHS v Ljubljani* (Nationalregierung SHS in Laibach) folgte.

Am 10. September 1919 unterzeichnete die aus den Trümmern der Habsburgermonarchie hervorgegangene, geschrumpfte Republik Deutschösterreich mit dem Königreich der Serben, Kroaten und Slowenen den Vertrag von St. Germain, in dem das gesamte geschlossen von Slowenen bewohnte Gebiet der Untersteiermark dem SHS-Staat zugeschlagen wurde. Der Vertrag enthielt gewichtige Zusätze, die den Minderheiten gewisse Rechte garantieren sollten, so etwa die Verwendung der Minderheitensprache im Privat- und Geschäftsleben. Darüber hinaus wurde ihnen das Recht eingeräumt, aus eigenen Mitteln Schulen und soziale

Einrichtungen zu erhalten, auch sollten bei Bedarf Schulen mit Minderheitssprachen als Unterrichtssprache geschaffen werden. Alle diese Garantien der Siegermächte blieben weitgehend auf dem Papier. Der SHS-Staat machte keine Anstalten, seinen Verpflichtungen gegenüber den Minderheiten nachzukommen.

Die Deutschen in Slowenien mussten von einem Tag auf den anderen erfahren, dass sich die Machtverhältnisse geändert hatten. Sie befanden sich jetzt nicht nur in der Minderheit – das waren sie schon vorher gewesen –, sondern waren obendrein fundamentalen Einschränkungen und offenen Schikanen seitens der neuen Behörden ausgesetzt. Im Dezember 1918 verabschiedete die slowenische Nationalregierung eine Verordnung, wonach alle Staatsbeamten deutscher Nationalität mit sofortiger Wirkung entlassen wurden. Ähnlich erging es den bei Gerichten beschäftigten Deutschen, vielen Notaren, Eisenbahnern, Lehrern und so weiter. Den betroffenen Personen blieb mangels anderer Beschäftigungsmöglichkeiten meist nichts anderes übrig, als die Untersteiermark zu verlassen und in das wirtschaftlich schwache Restösterreich abzuwandern, um sich dort eine neue Existenz aufzubauen.

Der Rückgang der deutschsprachigen Minderheit in der Untersteiermark lässt sich genau beziffern. Während bei der Volkszählung 1910 noch rund 73 000 (fünfzehn Prozent) Deutsche gezählt worden waren, waren es 1921 nur mehr 22 531 (4,5 Prozent). Zehn Jahre später war die Zahl der Personen mit deutscher Muttersprache auf 12 410 (2,3 Prozent) geschrumpft. In Cilli, Celje, wurden 1910 4625 (knapp siebzig Prozent) Deutsche registriert, im Jahr 1921 waren es nur mehr 859 (elf Prozent) und schließlich 1931 nur mehr 449 (knapp sechs Prozent). In den übrigen größeren Gemeinden, wo die Deutschen eine Rolle gespielt hatten, war die Entwicklung ähnlich.

Die Maßnahmen der slowenischen Behörden trafen die Deutschen an ihrer empfindlichsten Stelle. Deutsche Turn- und Gesangsvereine, sämtliche Ortsgruppen des Vereins Südmark sowie des Deutschen Schulvereins wurden aufgelöst, das Kapital und die Immobilien mussten slowenischen Verbänden übergeben werden. »Die Wacht am Rhein«, »Deutschland, Deutschland über alles!«, aber auch »Hoch vom Dachstein!«, die steirische Landeshymne, wurden als hochverräterische Lieder verboten. Die Hütten des Deutschen und Österreichischen Alpenvereins wurden beschlagnahmt und vom Slowenischen Alpenverein übernommen. Besonders hart und demütigend empfanden die Deutschen die Enteignung des hauptsächlich mit Spenden errichteten Deutschen Hauses in Celje, ein imposantes, an eine Ritterburg erinnerndes Gebäude im Zentrum der Stadt, in dem deutsche Vereine und Unternehmen sowie ein Restaurant untergebracht waren. Das Deutsche Haus wurde in *Celjski dom* (Cillier Haus) umbenannt und der Stadt überantwortet. Die Eigentümer gaben jedoch lange nicht auf und führten einen Prozess gegen die willkürliche Enteignung. Schließlich landet die Causa vor dem Völkerbund und mündete in einen faulen Kompromiss: Die Liegenschaft samt Haus blieb im Besitz des Vereins *Celjski dom*, die slowenische Seite musste jedoch eine minimale Entschädigung entrichten.

Insgesamt wurden in Slowenien mehr als zweihundert deutsche Vereine von den Behörden aufgelöst, die meisten in der Untersteiermark. Viele Deutsche warteten nicht darauf, dass sie ausgesiedelt wurden, und packten freiwillig ihre Sachen, verkauften ihren Besitz und gingen nach Österreich, wo sie als sogenannte Optanten innerhalb kurzer Zeit die Staatsbürgerschaft erlangten. In der nach wie vor erscheinenden deutschsprachigen *Cillier Zeitung*, dem in Laško meistgelesenen deutschen Blatt, fanden sich zahlreiche Meldungen betreffend die Übersiedlungen nach Österreich. Dazu gab es in fast jeder Ausgabe Annoncen von Umsiedlern, die sich verabschiedeten:

»Anlässlich unseres Scheidens von Cilli sagen wir allen unseren lieben Freunden und Bekannten ein Herzliches Lebewohl!«

»Wegen Übersiedlung werden verkauft: Bücher, Zeitschriften, Tische, Bilderrahmen, Spielsachen, Vogelbauer, Fauteuils, Flaschen, Lampen, Geschirr u.v.a. Seilergasse Nr. 2, ebenerdig rechts.«

Deutsche, die sich zum Bleiben entschlossen, hielten es unter den gegebenen Bedingungen manchmal für ratsam, ihre Namen zu slawisieren. So hieß es in der *Cillier Zeitung* vom 30. August 1919 in der Lokalrubrik:

»Namensänderung. Die Landesregierung für Slovenien hat mit dem Erlasse vom 31. Mai 1919 der Frau Theresia Fuchs, Hausbesitzerin in Cilli, die Aenderung ihres Familiennamens in Volauschek bewilligt.«

Pauline, slowenisch Pavla, hielt nichts von solchen Manövern. Sie war sich keiner Schuld bewusst und blieb bei dem Namen, der nach wie vor auf ihrem Elternhaus stand: Bast. Vermutlich ist sie gar nicht auf die Idee gekommen, die Schrift von der Fassade entfernen zu lassen. Der Name des verstorbenen Lederermeisters, von dem jeder in Laško wusste, dass er deutschnational empfunden hatte und so aufgetreten war, fiel offenbar nicht unter die Verordnung, wonach sämtliche Geschäftsschilder ausschließlich slowenisch sein mussten. Vielleicht war das auch auf die Nachlässigkeit der lokalen Behörden zurückzuführen.

Bei meinen Recherchen ist mir nicht aufgefallen, dass Pauline nach Kriegsende besonderen Schikanen ausgesetzt gewesen wäre. Sie bekleidete keine offizielle Stellung, war nie mit antislowenischen Äußerungen hervorgetreten und lebte weitgehend zurückgezogen. Anscheinend führte Pauline ungehindert ihr bisheriges Leben fort, trotz ihrer amtsbekannten deutschnationalen Brüder. Lediglich deren Besuche wurden in den ersten Jahren nach dem sogenannten Umsturz seltener, weil es politisch für sie brisant geworden war.

Pauline und ihrem ebenfalls in Laško gebliebenen Bruder Fritz kam zugute, dass sie kinderlos waren; die radikale Slowenisierungskampagne im Schulwesen betraf sie nicht. Die slowenischen Behörden unternahmen alles, um die internationalen Verpflichtungen in Hinblick auf Schulen für Minderheiten, denen sie in St. Germain zugestimmt hatten, zu unterlaufen. So wurden Familiennamen der Schüler einer sogenannten Namensanalyse unterzogen. Kinder mit nur einem slowenischen Vorfahren wurden nicht der deutschsprachigen Volksgruppe zugezählt und konnten nicht zum deutschen Unterricht angemeldet werden. Innerhalb weniger Jahre gelang es damit, viele vormals deutsche Schulen in slowenische zu verwandeln.

Mein Großvater war schon vor dem Ersten Weltkrieg nach Amstetten gezogen, allerdings nicht von Tüffer, sondern von der deutschen Sprachinsel Gottschee in der Krain. Dort war 1911 mein Vater zur Welt gekommen. Lange habe ich gerätselt, weshalb mein Großvater ausgerechnet nach Amstetten kam, einen damals zwar aufstrebenden und modernen Ort, aber doch eine Kleinstadt. Warum gerade dorthin?

In Amstetten war seit 1903 ein Advokat namens Karl

Warmbrunn tätig, ein eingefleischter Deutschnationaler, Mitglied der Burschenschaft Markomannia, Anhänger von Georg von Schönerer, ein überzeugter Antisemit. Seit seiner Jugend bewegte er sich in diesem Milieu und zählte zu den Gründern eines obskuren Germanenbundes in Weidenau, tschechisch Vidnava, von wo er stammte. Weidenau gehörte bis 1918 zu Österreichisch-Schlesien und fiel dann an die neu entstandene Tschechoslowakische Republik. Zu diesem Zeitpunkt war Warmbrunn längst in Amstetten ansässig.

Es gab vieles, was Warmbrunn mit meinem Großvater verband: die deutschnationale Gesinnung, die Begeisterung für Schönerer und, damit einhergehend, der radikale Antisemitismus. Darüber hinaus bestand zwischen der Burschenschaft Germania in Graz und der Markomannia eine sogenannte Couleurfreundschaft. Als Warmbrunn einen Konzipienten suchte, hörte er sich zunächst in Burschenschafterkreisen um. Wahrscheinlich sind sich die beiden Alten Herren auch bei gemeinsamen Veranstaltungen ihrer Verbindungen nähergekommen. Mein Großvater entsprach ziemlich genau den Anforderungen, die Warmbrunn an seine Mitarbeiter stellte. 1915 gab Warmbrunn diverse Annoncen auf, in denen er einen Konzipienten, Arier oder Deutscharier, suchte. In den überregionalen *Juristischen Blättern* finden sich zahlreiche Anzeigen, in denen Rechtsanwälte in ganz Österreich arische, deutscharische oder christliche Mitarbeiter suchten. Nur keine Juden! Der rassische Antisemitismus hatte in Österreich längst nachhaltig Fuß gefasst, wobei das juristische Milieu eine unrühmliche Vorreiterrolle einnahm, wie sich in der Zeit des Nationalsozialismus zeigen sollte. Juristen waren eine feste, verlässliche Stütze des nationalsozialistischen Regimes, wie das Beispiel meiner Familie zeigt.

Warmbrunn starb 1926, doch seine Frau und seine Tochter blieben der nationalen Gesinnung treu und wurden nach 1945 als illegale Mitglieder der NSDAP registriert, so wie mein Großvater und meine Großmutter. Die Ähnlichkeiten zwischen Warmbrunn und meinem Großvater und auch meinem Vater sind nicht zu übersehen. Aufgewachsen in einem gemischtsprachigen Gebiet, Jusstudium, Burschenschaft, Schönerianer (mein Großvater), Vertreter eines auf Großdeutschland ausgerichteten völkischen Deutschnationalismus und rassischen Antisemitismus.

1915 verließ mein Großvater die Warmbrunn'sche Kanzlei und machte sich selbständig. Im *Amstettner Wochenblatt* vom 9. Mai 1915 findet sich eine Notiz, wonach Dr. Rudolf Bast seine Kanzlei eröffnet hatte. Ein Detail am Rande: 1913 bezog mein Großvater eine Wohnung, die einem Gendarmeriewachtmeister i. R. namens Jakob Samida gehörte, der aus Pöllandl in der Gottschee stammte. Dass mein Großvater in Amstetten die Wohnung eines Gottscheers mietete, war gewiss kein Zufall.

Ludwig, der älteste der Brüder, von Beruf Arzt, war ebenfalls vor 1914 weggezogen und hatte sich in der Mittelsteiermark niedergelassen. Nur Friedrich und seine ältere Schwester Pauline, die mütterlich für ihn sorgte, blieben in Tüffer, das jetzt nur mehr Laško genannt werden durfte. Auch er schien von etwaigen Schikanen gegen die deutschsprachige Bevölkerung verschont geblieben zu sein. Im Jänner 1924 schrieb Pauline an Ernst, dass »Fritzl« sich in Tüffer befinde und beim hiesigen Elektrizitätswerk Beschäftigung gefunden habe. Die Gastwirtschaft im Bast-Haus war, wie seine anderen Beschäftigungen, ein kurzes Intermezzo geblieben.

Der Einzige, der die Kriegsfolgen ernsthaft zu spüren bekam, war Onkel Ernst, der jüngste der Brüder. Seit 1914 war er beim renommierten Advokaten Max Kiesewetter in Windischgraz, Slovenj Gradec, als Konzipient beschäftigt. Ernst war sehr glücklich mit der Stellung, die ihm und seiner Frau ein angenehmes Leben gestattete, wie er Jahre später in einem Brief an einen Berufskollegen schrieb:

»Die Bezahlung war damals sehr gut, 200 Kronen monatlich und alle auswärtigen Kommissionen Bahnfahrt zweiter Klasse (ich fuhr dritter Klasse), Wagen von uns zu Gericht, ich ging zu Fuß, Verpflegsgebühr 8 Kronen, ich verbrauchte 2 Kronen, so kam ich glänzend aus.«

(Hundert Kilogramm Speisekartoffeln kosteten 10,5 Kronen, ein Jahresabonnement der zweimal wöchentlich erscheinenden *Deutschen Wacht* zwölf Kronen.)

1918 fanden die fetten Zeiten ein jähes Ende. Ernst hatte sich in Windischgraz stets als strammer Deutschnationaler gegeben und eifrig in deutschen Vereinen engagiert, was ihm nun zum Verhängnis werden sollte. Am Silvestertag 1918/19 wurde er gemeinsam mit einigen deutschen Freunden von den slowenischen Behörden wegen Hochverrats (Mitgliedschaft beim Deutschen Turnverein, Obmann der Ortsgruppe des Vereins Südmark, Mitglied des Deutschen Gesangsvereins) verhaftet. Sie wurden ins Kreisgericht Maribor eingeliefert und nach vierzehn Tagen ohne Erklärung wieder entlassen. Diese Episode fand ihren Niederschlag in den *Wiener Bildern*, die am 14. März 1919 einen Bericht unter dem dramatischen Titel »Schreckensherrschaft in Windischgraz« brachten. Darin war von elf deutschen Bürgern die Rede, die von sechs jugoslawischen Soldaten verhaftet und in einen winzigen Arrest des Bezirksgerichts gesteckt worden waren.

Der Bericht war mit einem Foto illustriert, von dem ich Abzüge im Nachlass meines Onkels gefunden habe. Elf Männer sind darauf zu sehen, sie wirken alles andere als furchtsam, sondern eher selbstbewusst.

Bei den Männern im Vordergrund handelt es sich augenscheinlich um Honoratioren des Ortes. Das Wiener Blatt nannte einen Großkaufmann und einen Großgasthofbesitzer als »Geiseln«, dazu einen Hutmacher, einen Buchhändler, einen Bahnbeamten, drei Offiziere im Ruhestand, Ernst Bast sowie zwei Söhne des Fotografen Andreitz. Onkel Ernst steht neben einem Mann in Matrosenuniform, der sich schwer einordnen lässt. Buchhändler oder Hutmacher scheint er nicht zu sein, für einen Offizier im Ruhestand ist er eindeutig zu jung.

Bei genauem Hinsehen entdeckt man, dass der Mann mit der Feldkappe, zweite Reihe Mitte, nicht sehr professionell in das Bild hineinkopiert wurde. Vermutlich war er, als das Foto gemacht wurde, kurz abwesend, wollte jedoch für die Nachwelt unbedingt bei den Schreckenstagen von Windischgraz dabei gewesen sein. Im Originalkuvert des Fotografen »F. Andreitz, Photographie und Gemischtwarengeschäft, Windischgraz, Steiermark« gibt es zweierlei Abzüge, einmal mit und einmal ohne die hineinkopierte Person.

Im Gegensatz zu den Übrigen sind die drei Männer links hinten städtisch gekleidet, der junge Mann mit Melone ganz außen könnte ohne weiteres einen Hutschenschleuderer oder Heiratsschwindler geben, bei den zwei jungen Männern neben ihm, ebenfalls mit Melonen, handelt es sich gewiss um die beiden Söhne des Fotografen.

Onkel Ernst schaut mutig, fast verwegen in die Kamera. Wir Deutschen fürchten Gott, aber sonst nichts in der Welt.

Deutsche Geiseln, Windischgraz, Jahreswechsel 1918/19.
Ernst Bast (Zweiter von rechts, stehend), in der Mitte
hineinkopierter Soldat

Als er nach seiner Entlassung feststellte, dass die in Windischgraz stationierten slowenischen Truppen in Richtung Cilli abzogen, ging er mit einem Freund über die Grenze, um den Abzug den Kärntnern zu melden, die damals in Kämpfe um die Grenzregionen verstrickt waren. Nach eigenen Angaben hatte er damals sogar ein paar Schüsse abgegeben, was ihm später vorgehalten werden sollte. Tatsächlich rückten Kärntner Verbände auf untersteirisches Gebiet vor, mussten sich aber, bevor sie Windischgraz einnahmen, auf Befehl der Regierung in Wien wieder zurückziehen. Im hungernden Wien befürchtet man, dass durch die Kampfhandlungen die soeben mit Serbien vereinbarten überlebenswichtigen Mehllieferungen gefährdet werden könnten.

Für Ernst Bast war die Verhaftung noch in einem anderen Sinn unangenehm: Seine Frau Lexa war zu der Zeit hochschwanger. Sein Sohn kam zwei Tage nach der Arretierung des Vaters zur Welt. Und die junge Mutter war nicht gesund, sie laborierte seit ihrer Jugend an einem Nierenleiden.

Um einer neuerlichen Verhaftung zu entgehen, floh Onkel Ernst, als Heizer verkleidet, auf einer Güterzuglokomotive nach Deutschösterreich. Von diesem Abenteuer erzählte mein Onkel gerne und oft, und ich erinnere mich noch an eine besondere Episode. Der schwer kurzsichtige Onkel Ernst nahm auch auf der Lokomotive, die ihn in Sicherheit bringen sollte, den goldenen Zwicker nicht ab. Als der Lokomotivführer das bemerkte, rief er entsetzt: »Um Gottes Willen, Herr Doktor, nehman S' doch bitte den Zwicker herunter, sonst erkennt doch gleich jeder, dass Sie kein Heizer sind.«

Insgesamt verlief die Neuverteilung der Macht in der Untersteiermark weitgehend unblutig. Das lag vor allem daran, dass die Deutschen sich ohne nennenswerten Widerstand in ihr Schicksal fügten. Noch kurz vor dem Krieg hatten sie kämpferische Widerstandsparolen gegen die anrennenden slawischen Feinde geschmettert. Doch 1918/19 verhielten sie sich bemerkenswert ruhig, da war keine Rede mehr vom deutschen Bollwerk, das gegen die Slawenflut verteidigt werden musste. Die Soldaten der k. u. k. Armee waren kriegsmüde und dachten nicht daran, sich in neue Auseinandersetzungen zu stürzen. Sogar ein Heißsporn wie Onkel Ernst begnügte sich damit, in Kärnten ein paarmal auf jugoslawische Soldaten zu schießen, dann ließ er es gut sein. Die bürgerliche Karriere war ihm wichtiger als der heldenmütige Kampf um die alte Heimat.

Mit Frau und neugeborenem Kind fuhr er nach Amstetten, wo er im Oktober 1919 als Juniorpartner in die Kanzlei seines Bruders Rudolf eintrat. Wenige Monate später holte er Elsa Perbel nach. Die Kanzlei der beiden Brüder lief ausgezeichnet. 1925 erwarb mein Großvater im Zentrum von Amstetten ein »prachtvolles zweistöckiges Wohnhaus«, wie es in einer Zeitungsmeldung hieß. Dieses Haus ist mir in guter Erinnerung, es liegt gegenüber der Evangelischen Pfarrgemeinde von Amstetten, deren Presbyter mein Großvater war.

Im weitläufigen Garten der Pfarre hielt er vor dem Zweiten Weltkrieg ein junges Wildschwein, das er bei einer seiner Jagdtouren aufgelesen hatte, womöglich in der Gottschee. Im Rucksack ließ sich ein Frischling leicht über die Grenze bringen. Er nannte ihn Mischko. Angeblich musste er später weggegeben werden, weil er nicht mehr zu bändigen war. Mir erzählte mein Großvater, er habe ihn nach Schönbrunn gebracht, doch Großmutter kommentierte das nur mit einem verächtlichen: »Schönbrunn, dass ich nicht lache!« Ich glaube eher, dass der geliebte Mischko in der Bratröhre landete.

Für mich war Mischko mehr als ein Fabelwesen, da Großvater mich in zärtlicher Erinnerung an das geliebte Vieh ebenfalls Mischko nannte, was viele Bekannte übernahmen. Eine Fotografie von meinem tierischen Namensvetter habe ich leider nicht gefunden.

In der Kanzlei der Bast-Brüder machte sich Elsa Perbel rasch unentbehrlich und avancierte zur Kanzleileiterin. Allerdings stellte sich bald heraus, dass ihre Sympathien eindeutig dem jüngeren Bruder galten, was im Verlauf der Jahre zum wachsenden Unmut meines Großvaters führte, weil Fräulein Perbel seinem Bruder angeblich die besseren, lukrativeren Fälle zuschanzte. Das führte letztlich dazu, dass die Brüder ab 1937 beruflich getrennte Wege gingen. Schon vorher war das Verhältnis zwischen den beiden so zerrüttet, dass sie kaum mehr miteinander sprachen. Und dabei blieb es. Kam ich nach Amstetten, wurde ich nach ein, zwei Wochen von meiner Großmutter bei Onkel Ernst abgeliefert, ohne dass der Großvater den Ortswechsel des Enkels mit einem Wort kommentiert hätte. Der jüngere Bruder war für ihn Luft. Dickschädel waren beide, so wie meine Großmutter, die das Haus des Schwagers nur betrat, um mich zu übergeben.

In der ersten Zeit in Amstetten wohnten Ernst und seine kleine Familie bei seinem Bruder. Politisch fanden sie rasch Anschluss an das deutschnationale Milieu, in dem sie sich seit jeher bewegt hatten. Auch in der niederösterreichischen Kleinstadt mangelte es nicht an Gleichgesinnten, die gegen Juden und Klerikale wetterten und die Vereinigung Österreichs mit Deutschland herbeisehnten. Das gehörte zum Programm der Großdeutschen Volkspartei, der mein Großvater nach dem Krieg beitrat. Dort fühlte er sich politisch aufgehoben. Manchmal sprach er bei öffentlichen Anlässen – mit bescheidenem Erfolg. Mein Großvater war kein begnadeter Redner, eher ein Polterer, der versuchte, andere niederzubrüllen. Neben der Großdeutschen Volkspartei war er aktiv in der Ortsgruppe des Vereins Südmark, der in Slowenien verboten worden war.

Ob auch Ernst der Großdeutschen Volkspartei beitrat, ist nicht überliefert, er engagierte sich jedenfalls begeistert im Deutschen Turnverein Amstetten, Gau Ötscher, der seine Mitglieder auf die Leitworte von Turnvater Jahn »Rassen-Reinheit – Geistesfreiheit – Volkes Einheit« einschwor. Das Turnerkreuz, gebildet aus den vier F für frisch, fromm, fröhlich, frei, erinnert penetrant an ein Hakenkreuz. Onkel Ernst war ein eifriger Turner und nahm auch an organisierten Turnfahrten teil, die ihn und seine Kameraden auch ins Ausland führten. Zwei Fotografien von der Ostsee im Sommer 1930 zeigen den 43-jährigen Rechtsanwalt als Turner: einmal beim kühnen Sprung über die Kante einer Düne und dann beim Hammerwerfen direkt an der See. Das Lager war militärisch organisiert, die Turner trugen weiße Uniformen, lange Hosen, Leibchen, penibel gebügelt, und standen bei jeder Gelegenheit stramm – offenbar hatte das Lager einen paramilitärischen Charakter, vielleicht ein Grund, weshalb es nach Deutschland verlegt wurde, wo die Behörden nicht so genau hinschauten.

Im Turnverein Amstetten wurde der wortgewandte Rechtsanwalt oft gebeten, Reden zu halten, etwa zum 75. Todestag von Turnvater Jahn oder anlässlich des Julfestes, die er für politische Propaganda nutzte. In der Julrede vom Dezember 1927 wetterte er gegen die angebliche Unterdrückung der Deutschen und die sogenannte »Kriegsschuldlüge«: »Im Westen und im Osten, im Süden und im Norden kamen deutsche Volksgenossen unter Fremdherrschaft: Unermessliche Lasten sind dem deutschen Volke aufgebürdet, die es auf Jahrzehnte hinaus in wirtschaftlicher und finanzieller Abhängigkeit halten werden.

Trotzdem die Lüge von der Alleinschuld Deutschlands im Weltkriege durch wissenschaftliche Forschungen einwandfrei nachgewiesen wurde, weigern sich unsere Gegner, daraus die Folgerungen zu ziehen, weil dann die darauf aufgebauten Friedensverträge wie ein Kartenhaus zusammenbrechen müssten.«

Einige Typoskripte solcher Reden, versehen mit Korrek-

Frisch, fromm, fröhlich, frei: Ernst Bast an der Ostsee, August 1930

turen und Unterstreichungen, habe ich in seinem Nachlass gefunden. Nichts hat er weggeworfen.

In ihrer Freizeit unternahmen die Brüder Bergtouren und gingen auf die Jagd – nie gemeinsam, stets getrennt. Vor allem mein Großvater nutzte jede freie Stunde für ausgedehnte Jagdtouren. Die Jagd und das Fischen waren seine Passion. Mit dem städtischen Leben konnte er wenig anfangen. Trotz der politischen Übereinstimmungen war das Verhältnis der beiden Amstettner Brüder angespannt, charakterlich waren sie grundverschieden: Mein Großvater war ungeschliffen, bärbeißig, dem Alkohol zugeneigt, Ernst hingegen belesen, zielstrebig, auf gute Kleidung bedacht, für die Provinz beinahe ein Weltmann, ganz im Gegensatz zu seinem Bruder beruflich pedantisch und mit einer Vorliebe für gute Weine. Oft fuhr ich in den frühen fünfziger Jahren mit ihm in die Kellerei von Stift Göttweig, wo er kistenweise Wein einkaufte, den er dann seinen Bundesbrüdern von der Germania auftischte.

Onkel Ernst war auch ungeheuer eitel. In seinem Badezimmer sah ich zum ersten Mal einen geheimnisvollen weißen Bleistift, dessen Funktion mir rätselhaft erschien. Das Dienstmädchen Annerl erklärte mir, dass Onkel Ernst sich damit die Unterseite der Fingernägel weißte. Um nichts in der Welt hätte mein Großvater so etwas angerührt, solche Utensilien hielt er für saublödes Affenzeug, wie er sich ausdrückte.

Annerl, das Dienstmädchen, wohnte im Souterrain, um nicht zu sagen im Keller, in einem gemütlich eingerichteten Raum, in den sie mich oft mitnahm, um mir aus Kinderbüchern vorzulesen. Wir lachten viel miteinander, und ich schloss das blonde hübsche Mädchen tief in mein Herz.

In den ersten Jahren nach Kriegsende riss der Kontakt zwischen der in Tüffer, Laško, verbliebenen Pauline und ihren Brüdern in Deutschösterreich beinahe ab. Es hatte den Anschein, als wären die Bast-Brüder von einer Schockstarre erfasst worden, hervorgerufen durch die urplötzlich hereinbrechende Katastrophe, als die ihnen das Jahr 1918 erscheinen musste.

Sie scheuten sich, in die alte Heimat zu fahren, da sie nicht wussten, wie sie von den neuen Behörden empfangen werden würden. Vor allem Ernst hatte gewichtige Gründe, Vorsicht walten zu lassen. Es war nicht auszuschließen, dass er in Zusammenhang mit seiner Flucht und den Kampfhandlungen an der Kärntner Grenze wegen Hochverrats vor Gericht gestellt werden würde.

Welches Schicksal den Deutschen vonseiten der Slowenen drohte, zeigen die tragischen Vorgänge in Marburg im Jänner 1919. Eine amerikanische Delegation wollte sich im Rahmen der Pariser Friedenskonferenz über die ethnischen Verhältnisse in der ehemaligen Habsburgermonarchie informieren. Als die Kommission Ende Jänner nach Maribor, Marburg, kam, versammelten sich auf dem Hauptplatz angeblich zehntausend deutsche Bürger, um lautstark für einen Verbleib bei Deutschösterreich zu demonstrieren. Es kam zu einer Auseinandersetzung mit slowenischen Soldaten und Polizisten, und der militärische Befehlshaber der Stadt, General Rudolf Maister, ließ in die unbewaffnete Menge feuern. Die Aktion forderte dreizehn Tote und Dutzende Verletzte.

An den sogenannten Marburger Blutmontag (in manchen Quellen ist vom Blutsonntag die Rede, vermutlich weil das noch dramatischer klingt) erinnern Gedenkfeiern ehemaliger Untersteirer bis heute, freilich ohne den historischen Kontext zu thematisieren. Auf diese Weise dienen die Toten von Marburg vor allem dazu, die slowenische Seite pauschal anzuschwärzen.

Die Ereignisse wurden auch in Amstetten mit Empörung aufgenommen, und sie verstärkten die Bedenken der Brüder, in die alte Heimat zu fahren. Ernst begnügte sich zunächst damit, brieflich Kontakt zur Schwester zu halten, die das Elternhaus hütete. Sie machte das, ohne zu klagen, für sie war es eine selbstverständliche Pflicht. Dabei gehörte der Großteil des Bast-Hauses gar nicht ihr, sondern ihrer jüngeren Schwester Josefine, die mit ihren Kindern in Zagreb lebte.

Als Bürgerinnen des SHS-Staates, des Königsreichs der Serben, Kroaten und Slowenen, hatten Josefine und Käthe naturgemäß keine Probleme, nach Laško zu gelangen. Im August 1924 schickte Josefine von dort eine Ansichtskarte an Ernst in Amstetten, unterschrieben von der ganzen Familie. Das Bast-Haus war und blieb das emotionale Zentrum der großen, nun auf zwei Staaten aufgeteilten Familie.

Selbst Pauline unternahm in jenen Jahren einige Reisen und informierte die in Österreich lebenden Brüder über das Geschick der anderen Geschwister und ihrer Kinder.

Obwohl die Deutschen in der Untersteiermark nach 1918 zahlreiche Schikanen hinnehmen mussten und viele aus ihren Positionen im Staatsdienst und anderen Institutionen gedrängt wurden, sind viele in Slowenien geblieben, weil sie ihren Besitz, ihre Häuser und Weingärten, Geschäfte und Fabriken nicht aufgeben wollten. Bei nüchterner Betrachtung stellte sich heraus, dass die Deutschen, trotz aller restriktiven Maßnahmen, nach wie vor ihre führende Position als Großgrundbesitzer, Großkaufleute, Hausbesitzer, aber auch als Rechtsanwälte behaupten konnten.

So war auch der Schwager von Ernst Bast, Ingenieur Gustav Schmidinger, in Laško geblieben. Gustav, allgemein Gusti genannt, hatte in Graz Elektrotechnik studiert und war der Burschenschaft Germania beigetreten, doch es war ihm trotz dieses Milieus gelungen, sich von den antislowenischen Vorurteilen der Grazer Germanen fernzuhalten. Das hatte wahrscheinlich damit zu tun, dass sein Großvater, Mihal Lažić, ein geachteter Bürger von Laško, Slowene war, was die deutschnationale Begeisterung des Enkels dämpfte. Gusti baute in Celje eine gut gehende Elektrofirma auf, die es ihm gestattete, in Laško direkt am Ufer der Sann in einer Villa zu residieren und eines der ersten privaten Autos der Kleinstadt zu fahren.

Auf einer Fotopostkarte sieht man Gusti am Volant seines offenen Zweisitzers, neben ihm, mit heller Pullmankappe, Guido aus Zagreb, um den Gusti sich wie ein väterlicher Freund kümmerte, wie zahlreiche weitere Fotos beweisen: die beiden im Garten der Villa an der Sann, beim Baden, bei Ausflügen, bei Familientreffen. Verwandt sind die beiden ja nicht, Guido ist der Sohn von Josefine Bast, verehelichte Prister, Gusti ist der Bruder von Lexa Schmidinger, der Frau von Ernst Bast. Guido ist ein ständiger Gast in Laško, er wird von allen geliebt und verwöhnt. An dem Wagen, in dem Gusti und Guido sitzen, lehnt ein Mann, den ich nicht identifizieren kann. Gusti ist so stolz auf sein elegantes Auto, dass er das Foto als Ansichtskarte an Freunde und Verwandte schickt. Ein Beweis für seine Erfolgsgeschichte.

Pauline und Gusti sind keineswegs die einzigen in Laško verbliebenen Deutschen. Bei den Wahlen im Jahr 1923 erringen die Deutschen im Wahlkreis Maribor, zu dem nun auch Celje und Laško gehören, ein Mandat. Sie treten unter dem Namen Deutsche Wirtschaftspartei an. In Celje entfallen auf sie 491 Stimmen, in Laško 77.

Warum sind Pauline und Gusti und andere deutsche Untersteirer nicht nach Österreich gegangen? Gewiss hat das mit wirtschaftlichen Faktoren zu tun: Gusti verspricht sich an dem Ort, wo er aufgewachsen ist und die Verhältnisse kennt, bessere Möglichkeiten; darüber hinaus besitzt er neben der Villa in Laško einen großen Weingarten in der Koloss, slowenisch Haloze, den er nicht aufgeben möchte. Aber auch emotionale Gründe spielen eine Rolle. Pauline bringt es nicht über sich, das Elternhaus zu verlassen. Der auf dem Haus prangende Name des Vaters ist eine Verpflichtung, das Erbe zu wahren. Anders als ihre Brüder hegt sie keinerlei Vorurteile gegen Slowenen. Dazu kommt, trotz

Gustav Schmidinger und Guido Prister im Auto
(Unbekannter stehend)

ihrer zurückgezogenen Lebensweise, die enge Verbundenheit mit den Bewohnern und der Landschaft – die kleine Ortschaft mit ihren engen Gassen, dem weiten, nach Süden hin gesenkten Platz mit der aufs Bast-Haus schauenden Mariensäule, die wuchtige, burgähnliche Stadtpfarrkirche zum heiligen Martin, der nahe gelegene Weichselberger-Hof, ein ehemaliger adeliger Gutshof, und die den Hauptplatz umgebenden Bürgerhäuser, in denen slowenische und deutsche Freunde und Bekannte leben; der über Laško aufragende Berg Hum, an dessen Fuß die Burg Tabor liegt; die Gebäude und Parks der Heilanstalt Römerbad nächst Tüffer, auf der anderen Seite der Sann gelegen, die Wallfahrtskirche auf dem Berg Šmohor, ein beliebtes Ausflugsziel, das auf dem Gipfel gelegene Gasthaus, das Pauline schon mit ihren Eltern besucht hat; die malerische Ortschaft Marija Gradec, auch sie ein beliebtes Ausflugsziel; die Buchen- und

Kastanienwälder rund um Tüffer, die zu Wanderungen und im Herbst zum Pilze- und Kastaniensammeln einladen.

Das bedeutet für Pauline Heimat, eine andere kennt sie nicht und will sie nicht kennenlernen, sie kann sich nicht vorstellen, Laško – in privaten Gesprächen nennt sie den Ort, wie die meisten hier lebenden Deutschen, nach wie vor Tüffer – für immer den Rücken zu kehren, so wie das ihre Geschwister getan haben.

Hier hat Pauline, obwohl zur Einzelgängerin neigend, Freunde und Bekannte, Deutsche und Slowenen, etwa die Familie Jerše, die ein stattliches Haus schräg gegenüber bewohnt, oder den Organisten Drolc, Trauzeuge ihres Bruders Friedrich und Nachbar, der 1919 zum ersten Gemeindesekretär von Laško ernannt wird.

Franc Drolc, von allen immer nur Drolc genannt, ist ein vielbeschäftigter Mann: Mesner, Organist, Hostienbäcker, Chorleiter, zeitweise Gastwirt und nun auch Gemeindesekretär. Seine Frau Frančiška stirbt im Februar 1919 und lässt ihn mit zehn teils noch kleinen Kindern zurück. Drolc hat offenbar kein Problem, sich zu trösten. Zehn Monate nach dem frühen Tod seiner Frau kommt sein unehelicher Sohn Dušan zur Welt.

Wann und unter welchen Umständen Pauline und Drolc einander nähergekommen sind, lässt sich nicht rekonstruieren. Die jahrelange Nachbarschaft endet letztendlich mit der Hochzeit der beiden in der ersten Hälfte des Jahres 1925; eine stille Hochzeit, nehme ich an, sie sind nicht mehr jung, Drolc ist 52, Pauline um zwei Jahre jünger.

Die Geschwister äußern sich nicht zur Heirat der Schwester mit einem Slowenen, der in früheren Jahren als verbissener Gegner der Deutschen bekannt war. Es hat fast den Anschein, als hätten sie die Hochzeit zunächst gar nicht zur

Kenntnis genommen. In den umfangreichen Unterlagen von Ernst Bast finden sich weder eine Heiratsanzeige noch ein Hochzeitsfoto, obwohl er normalerweise alles aufhob, was ihm einigermaßen von Bedeutung erschien. Doch von der Hochzeit der Schwester keine Spur. Auch in den lokalen Zeitungen konnte ich keine Notiz entdecken.

Man kann jedenfalls davon ausgehen, dass die deutschnationalen Brüder die Wahl der Schwester nicht gerade begeistert begrüßten. Pauline schien das nicht zu kümmern. Sie führte ein ruhiges, bescheidenes Leben und ließ sich von den dominanten Brüdern in ihre privaten Angelegenheiten nicht dreinreden. Sie war schüchtern, doch sie duckte sich nicht und sah keinen Grund, die antislowenischen Vorurteile der Brüder nachzubeten.

Das Alter und die Verhältnisse der Brautleute lassen den Schluss zu, es habe sich um eine Vernunftehe gehandelt. Drolc war verwitwet und suchte eine Frau, die ihm den Haushalt führte, Pauline war allein und brauchte einen Mann, der sich um das Haus und die Behördengänge kümmerte und ihr in diesen für Deutsche unsicheren Zeiten einen gewissen Schutz bieten konnte. Es ist auch nicht auszuschließen, dass Drolc ein Auge auf das stattliche Haus in bester Lage geworfen hatte. Jedenfalls zog er bald nach der Heirat ein.

6

Im August 1925 stirbt Onkel Ernsts Frau Alexandra auf der Bahnreise von Amstetten nach Ljubljana. Zwar war sie immer kränklich, doch ihr plötzlicher Tod aufgrund eines Nierenversagens erfolgt dennoch unerwartet. Onkel Ernst schiebt alle Bedenken zur Seite und reist zum Begräbnis nach Laško, wo seine Frau im Familiengrab beigesetzt wird.

Bei seiner Ankunft muss er erkennen, dass sein kurzer Einsatz aufseiten der Kärntner Einheiten gegen jugoslawische Truppen im Jahr 1919 nicht vergessen ist. Seine Schwestern sorgen sich, dass sich die Slowenen an ihm rächen könnten. Erleichtert schreibt Josefine an den wieder heil in Amstetten eingelangten Bruder, sein Aufenthalt hätte angesichts des »besoffenen Pöbels in Laško« schlimmer ausgehen können, und er solle nächstes Mal eine andere Route wählen, etwa über Ungarn, sodass die Leute nicht gleich merken, dass er aus Österreich kommt. Was in Tüffer vorgefallen ist, führt sie nicht aus.

In dem Brief berichtet Josefine auch ausführlich über seinen sechsjährigen Sohn Ernst Gerhard, von allen Erni gerufen, den die Schwestern in Zagreb zu sich genommen haben. Erni ist wie seine Mutter zart und kränklich, er leidet an Untergewicht und muss viel Zeit im Bett verbringen. Umso mehr Grund für die Schwestern, das Kind nach dem Tod der Mutter nach Zagreb zu holen – offenbar sind sie der Ansicht, ihr Bruder sei nicht imstande, dem Sohn die nötige Fürsorge zukommen zu lassen. Der Absender lautet: Parfumerija J. Prister, Zagreb, Strossmayerova 8.

Josefine hat nach dem Tod ihres Mannes eine Parfümerie eröffnet. Die nach dem Kunstmäzen und Bischof Josip Juraj Strossmayer benannte Promenade in der Zagreber Oberstadt ist eine der elegantesten Straßen der Stadt. Josefines Parfümerie wird vorwiegend von Deutschen aufgesucht. Ihre unzureichenden Kenntnisse des Kroatischen sind für das Geschäft nicht gerade von Vorteil. Allerdings sind in der Zwischenkriegszeit die Zagreber Bürger der Oberschicht mehrheitlich nach wie vor zweisprachig. Nationalbewusste Kroaten ziehen es jedoch vor, in kroatischen Läden einzukaufen. Im Juni 1927 klagt Josefine denn auch über wirtschaftliche Probleme:

»Die Geschäfte gehen flau und ist man froh, wenn man nur mitschwimmt bei dieser Wirtschaftskrise.«

Der jäh verwitwete Rechtsanwalt in Amstetten wird von allen Seiten mit Ratschlägen überhäuft. Ein plötzlich auf sich allein gestellter Mann wird von der Umwelt oft wie ein hilfloses Kind behandelt. Ernst ist ein tüchtiger Rechtsanwalt, doch er hat keine Ahnung, wie man den Alltag, noch dazu mit einem kleinen Kind, organisiert. Um diese Dinge haben sich seine Frau und nach ihrem Ableben die Schwestern in Zagreb gekümmert.

Vier Wochen nach Alexandras Tod reist Pauline nach Amstetten, um bei ihrem Bruder nach dem Rechten zu sehen. Angesichts der ihm von allen Seiten attestierten Unfähigkeit, sein Leben allein zu gestalten, scheint es nicht erstaunlich, dass er sich so rasch wie möglich um eine neue Frau umschaut.

Er muss nicht lang allein fretten. Im Juni 1926, ein knappes Jahr nach dem Tod seiner Frau, heiratet er in Amstetten die Tochter eines angesehenen Volksschuldirektors,

Michaela Hanel – meine geliebte Tante Michi, bei der ich in der Kindheit oft Wochen verbrachte. Sie haben zwei Kinder, Gudrun und Gunther. Im selben Jahr, in dem Onkel Ernst zum zweiten Mal heiratet, fährt mein Großvater über Celje in die Gottschee, wo er im Gottscheer Hornwald eine Jagdhütte gepachtet hat. In der verbringt er bis zum Ausbruch des Zweiten Weltkriegs regelmäßig lange Jagdaufenthalte, manchmal in Begleitung meines Vaters.

Trotz aller Unsicherheiten und Unwägbarkeiten, mit denen Deutsche in Slowenien zu rechnen haben, scheint der Bann gebrochen. Ernst und Rudolf Bast wagen es wieder, in die ehemalige Untersteiermark, jetzt *Štajerska,* zu reisen. Doch sie müssen vorsichtig sein, denn sie stehen unter genauer Beobachtung, vor allem Ernst. Als er 1927 das Grab seiner Frau besucht, erregt das in Laško immer noch Unmut. Die in Ljubljana erscheinende Zeitung *Jutro* publiziert eine Zuschrift aus Laško, in der ein anonymer Schreiber kritisiert, dass die Deutschtümelei zunehme. Gemeint ist, dass die Leute es wagen, auf der Straße wieder Deutsch zu sprechen. Es werden energische Schritte notwendig sein, um das abzustellen, heißt es weiter: »Die Bezirkshauptmannschaft fragen wir, wer dem Dr. Bast die Erlaubnis gegeben hat, hereinzukommen und sich frei in Laško zu bewegen. Dr. Bast war für immer aus unserem Staat abgeschafft, weil er sich auf der feindlichen Seite an den Kämpfen in Kärnten beteiligte und auf die Jugoslawen schoss. Wie schnell wir alles vergessen!«

Auch nach dem Krieg finden die Begriffe *nemškutarstvo,* Deutschtümelei, und *nemškutarji* oder *nemčurji,* Deutschtümler, seit der zweiten Hälfte des 19. Jahrhunderts feste Bestandteile antideutscher Polemik, in der ehemaligen Untersteiermark Verwendung. Ursprünglich beziehen sie sich auf

Deutsche mit slowenischen Wurzeln oder Slowenen, die mit den Deutschen sympathisieren, werden aber auch auf Deutsche angewandt. In Laško glaubt man genau zu wissen, wer die lokalen *nemškutarji* sind, was für die Betroffenen unter gewissen Bedingungen unangenehm werden kann.

Onkel Ernst lässt sich von derlei Anwürfen nicht beirren. Im Jahr darauf reist er gleich dreimal nach Laško und von dort weiter nach Zagreb, um die Schwestern Josefine und Käthe zu besuchen, die sich nach dem Tod seiner ersten Frau rührend um seinen Sohn gekümmert haben, den er nach seiner erneuten Heirat nach Amstetten geholt hat. Erni verbringt jedoch nach wie vor viel Zeit bei den Schwestern, vor allem in Käthes Haus mit Garten am Vrhovac in Zagreb, wo Käthes Mann, der Universitätsprofessor Milan Kreković, mit ihm Hausaufgaben macht und lernt. Erni ist auch in Laško ein gern gesehener Gast, der von Pauline und der übrigen Verwandtschaft liebevoll verwöhnt wird.

Bemerkenswert erscheint, dass Onkel Ernsts Kanzleileiterin Elsa Perbel oft nach Laško und auch nach Zagreb fährt, wo sie im Bast-Haus und bei den Schwestern warme Aufnahme findet. Sie wird von allen wie ein Familienmitglied behandelt. Auf einer aus dem Jahr 1935 stammenden Fotografie einer Nachmittagsjause in Laško sieht man sie inmitten der Verwandtschaft, wobei unklar ist, was sie dort macht. Mit ihren Aufgaben in Amstetten haben die häufigen Reisen jedenfalls nichts zu tun. Macht sie dort Urlaub? Bedient sich Onkel Ernst ihrer als Botin? Oder erledigt sie Amtswege für ihn? Im Gegensatz zu Fräulein Perbel ist seine zweite Frau, Michaela, nur selten in Laško zu Gast; es hat fast den Anschein, als sei sie dort nicht wirklich willkommen. Sie spielt auch in der Korrespondenz zwischen Ernst und den Schwestern nur am Rande eine Rolle.

Im Mai 1928 stirbt Bruder Friedrich mit nur 44 Jahren. Er hat bis zuletzt bei Pauline gewohnt. Friedrich bleibt mir als Person weitgehend ein Rätsel. Von ihm weiß ich nur, dass er das Gymnasium in Cilli nicht beendet und oft die Berufe gewechselt hat. Auch seine Heirat bleibt offenbar ein kurzes Intermezzo, denn wenige Jahre später taucht er wieder allein bei der Schwester auf, die sich um ihn kümmert. Von meinem Großvater habe ich nie ein Wort über Friedrich gehört, für ihn schien er nicht existiert zu haben. Ein schwarzes Schaf, ein Versager, über den man am besten kein Wort verliert. Der erfolglose Friedrich passte offenbar nicht in die selbstsichere Welt seiner stramm deutschnationalen Brüder. Auch Onkel Ernst hat Friedrich in meiner Anwesenheit nie erwähnt, obwohl ich weiß, dass er ihn jahrelang finanziell unterstützte.

Ernst ist ein Familienmensch, großzügig und stets hilfsbereit mit Ratschlägen und finanziellen Zuwendungen, er greift sogar dem aus Windisch-Feistritz stammenden unehelichen Sohn meines Großvaters, Günther Souvent, unter die Arme, der in Leoben an der Montanuniversität studiert und ständig unter Geldmangel leidet. In seinen Dankesbriefen an Ernst vergisst Günther nie, schöne Grüße an »Onkel Rudi« auszurichten. Onkel Rudi ist sein leiblicher Vater, der den illegitimen Sohn völlig zu ignorieren scheint, so wie seine uneheliche Tochter Rudolfine, von der er ebenfalls nichts wissen will. Ich glaube nicht, dass er je Alimente gezahlt hat.

Rudolfine wird von ihrer um 26 Jahre älteren Tante in Obhut genommen, mit der sie nach dem Ersten Weltkrieg nach Österreich geht. Katharina Graf, geborene Jaklitsch, heiratet ausgerechnet nach Amstetten, wohin sie Rudolfine mitnimmt. Nicht genug damit: Katharina Graf ist eine aktive Sozialdemokratin und gehört zwischen 1909 und 1934 dem

Gemeinderat von Amstetten an; dieses Mandat verliert sie in Zusammenhang mit den Repressalien gegen die Sozialdemokraten im Februar 1934. Für Rudolf Bast ist die Tatsache, dass seine uneheliche Tochter und ihre Tante, eine engagierte Kämpferin für Frauenrechte, sich in Amstetten niederlassen, alles andere als erfreulich. Als Rechtsanwalt hat er einen Ruf zu verlieren. Amstetten ist klein, es ist daher unvermeidlich, dass Tochter und Vater einander auf der Straße begegnen. Der Sohn Rudolfines, den ich kennenlernte, hat mir berichtet, dass mein Großvater seine Tochter bei zufälligen Begegnungen nie auch nur eines Blickes gewürdigt hat. Das hat er selbst an der Hand seiner Mutter erlebt, die ihn einmal dem Großvater vorstellen wollte, der jedoch weder Kind noch Mutter zur Kenntnis nahm. Er sei wortlos an ihnen vorübergehastet, erzählte mir der Cousin. In meiner Amstettner Familie wurde er nie erwähnt, wie viele andere, die aus unterschiedlichen Gründen nicht genehm erschienen. Sie wurden einfach ausgeblendet, sie gab es für ihn nicht. Ob meine Großmutter von dieser peinlichen, ja ehrenrührigen Konstellation wusste, kann ich nicht sagen. Mir scheint unwahrscheinlich, dass so ein Umstand in einer Kleinstadt lang verborgen bleiben konnte.

Pauline blieb in Laško von solchen Aufregungen verschont. Sie führte mit Drolc ein ebenso unauffälliges Leben wie vor der Heirat, für sie hatte sich nicht viel geändert. Sie unternahm ein paar Reisen zu den Schwestern nach Zagreb und zum Bruder Ludwig in St. Georg an der Stiefing. Auffallend ist, dass sie dabei nie von Drolc begleitet wurde. Der blieb zu Hause. Paulines Korrespondenz an die Brüder fügte er stets nur dürre Grüße hinzu, obwohl mir Onkel Ernsts Tochter Gudrun einmal erzählte, dass sie Onkel Drolc als freundlichen älteren Herrn kennengelernt hätte, der sich wunderbar darauf verstand, Nüsse für die Potitzen auszuklauben, die Pauline backte.

In Onkel Ernst Fotosammlung findet sich keine einzige Aufnahme von Drolc. Der spitzbärtige Hostienbäcker scheint weder bei den Familienessen noch auf gemeinsamen Ausflügen zugegen. Dabei besitze ich zahlreiche Familienfotos, eines zeigt Pauline in Zagreb inmitten Verwandter. Die Aufnahme ist vor 1930 entstanden, denn wir sehen Milan Kreković, den Mann von Käthe, mit buschigem Schnurrbart und sechs Damen. Der Universitätsprofessor für Geodäsie an der Universität Zagreb starb 1930 mit sechzig Jahren. Das Gruppenbild wurde im Garten seines Hauses in Zagreb aufgenommen.

Vielleicht war es gar nicht die Bast-Familie, die Distanz zum Slowenen Drolc hielt, sondern es war umgekehrt, Drolc wünschte keinen allzu engen Kontakt zur deutschnationalen Sippschaft seiner Frau. Vor allem die hitlergläubigen Brüder in Amstetten und ihre Kinder mussten den bewussten Slowenen manchmal aus der Fassung bringen.

Mein Großvater war im August 1931 der Ortsgruppe Amstetten der NSDAP beigetreten, Mitgliedsnummer 514 334, mein Vater folgte zwei Monate später in Graz, wo er studierte, Mitgliedsnummer 612 972. Im Jänner 1932 trat mein Vater in Graz in die SS ein, Mitgliedsnummer 23 064, SS-Einheit I/III/38, also Standarte 38. Mein Vater war oft in Laško zu Gast.

Im Jänner 1934 wurde mein Großvater wegen seiner Tätigkeit für die 1933 in Österreich verbotene NSDAP in Amstetten verhaftet und ins Anhaltelager Wöllersdorf gebracht, von wo er ein halbes Jahr später entlassen wurde mit der Auflage, Österreich auf der Stelle zu verlassen. Er ging nach Jugoslawien, wo er zunächst bei Schwester Pauline und

Drolc Zuflucht fand. Ich nehme an, dass der illegale Nationalsozialist in Laško unverzüglich Kontakt mit Angehörigen der Bewegung in der Untersteiermark aufnahm, die mehrheitlich im »Schwäbisch-Deutschen Kulturbund« organisiert waren. Einflussreiche Vertreter des politischen und wirtschaftlichen Lebens sowie zahlreiche protestantische Geistliche betrieben eifrig Propaganda für die Hitlerbewegung und pflegten enge Verbindungen zu Gesinnungsgenossen in Österreich.

Mein Großvater blieb nicht nur in Laško, sondern nutzte den Zwangsurlaub auch für ausgedehnte Aufenthalte in seiner Jagdhütte in der Gottschee und für Reisen zu den Schwestern in Zagreb. Onkel Ernst war verständlicherweise nicht froh, dass er in Amstetten die Kanzlei allein weiterführen musste.

Nach dem gescheiterten Putschversuch gegen den christlichsozialen Ständestaat im Juli 1934 setzten sich zahlreiche Nationalsozialisten von Österreich nach Jugoslawien ab, um der Verhaftung zu entgehen. Die jugoslawischen Behörden verhielten sich ihnen gegenüber auffallend tolerant, was österreichische Stellen vermuten ließ, dass die jugoslawische Regierung die mehrheitlich nationalsozialistisch eingestellte deutsche Minderheit als Kampfmittel gegen Österreich benutzen wollte.

Inwieweit mein Großvater in dieses schwer durchschaubare Ränkespiel zwischen dem Deutschen Reich, Österreich und Jugoslawien verstrickt war, kann ich nicht sagen. Sicher ist, dass es auch in der Gottschee zahlreiche Anhänger der NS-Bewegung gab, die eine Vereinigung mit dem Deutschen Reich herbeisehnten. Dass Großvater die meisten von ihnen kannte, steht außer Frage. Das einschlägige Milieu war überschaubar.

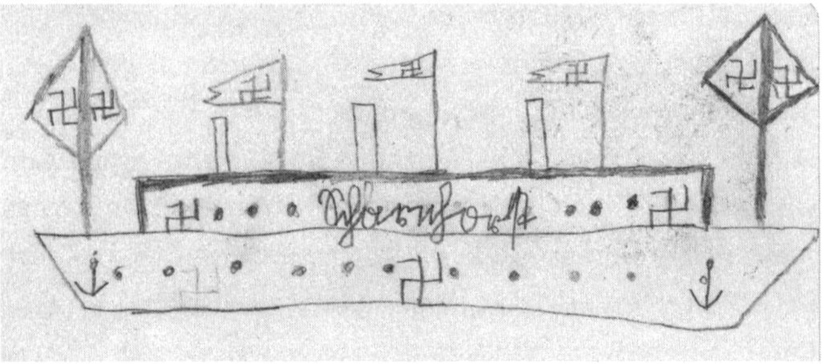

Deutscher Panzerkreuzer Scharnhorst

Onkel Ernst war vorsichtiger als mein Großvater: Auch er war ein Nationalsozialist, doch er bemühte sich, seine Überzeugung vor den Behörden zu verbergen. Nach seinen eigenen Angaben trat er erst 1938 der Partei bei, doch vieles deutet darauf hin, dass er bereits 1933 enge Kontakte zur NSDAP hatte. Zu Weihnachten 1934 bekam er von seinem sechsjährigen Sohn Gunther eine Zeichnung des deutschen Panzerkreuzers Scharnhorst geschenkt, der 1914 von einem englischen Geschwader bei den Falklandinseln gestellt und versenkt worden war. Das Schiff war mit Mann und Maus untergegangen, nur die Flagge konnte gerettet werden, indem der Kapitän sie in eine Geschosshülse steckte, diese verschloss und dem Meer überantwortete. Ein Jahr später wurde sie von einem Handelsschiff aus dem Wasser gefischt. Diese wundersame Rettung der Flagge wurde in zahlreichen heroischen Legenden beschrieben. Die von Gunther gezeichnete Scharnhorst ist übersät mit Hakenkreuzen, allerdings sind alle verkehrt herum gezeichnet. Wenig später malte Gunther einen weiteren deutschen Panzerkreuzer, die Gneisenau, und diesmal waren die Hakenkreuze korrekt ausgerichtet.

Die Frage liegt auf der Hand, wie ein Sechsjähriger darauf kommt, deutsche Schlachtschiffe, übersät mit Hakenkreuzen, zu zeichnen. Das kann er nur zu Hause gelernt haben.

Auf allen Kindheitsfotografien steht Gunther habt Acht! wie ein preußischer Gardesoldat, manchmal salutiert er noch dazu. Eine dieser Aufnahmen stammt aus dem Jahr 1933. Da ist er fünf. Er hat die Haare kurz geschoren (Läusegefahr!) und trägt eine kurze gestrickte Hose mit Trägern. Es waren zweifellos sein Vater und Verwandte und Freunde, die ihm das Strammstehen beigebracht hatten.

Wenn ich als Kind längere Zeit im Haus von Onkel Ernst in Amstetten verbrachte, wurde manchmal auf mein Bitten eine große Kiste mit Gunthers Spielsachen vom Dachboden geholt. Meine Wahl fiel immer auf ein Soldaten-Spiel aus der Zeit des Zweiten Weltkriegs: Soldaten in Wehrmachtsuniform und allerlei Kriegsgerät aus Sperrholz, meist feldgrau bemalt, aber es gab auch Soldaten in scheckigen Tarnuniformen oder der schwarzen Kluft der Panzerbesatzungen. Die Soldaten trugen Büchsen mit Gasmasken, Karabiner oder Maschinenpistolen, Schmeisser MP 40, wie mir Onkel Ernst einmal erklärte, als er mir beim Spielen zuschaute. Neben den Sperrholz-Soldaten gab es verschiedenes dazu passendes aufziehbares Blechspielzeug, Panzer, die richtig Feuer speien konnten, sodass es aussah wie Maschinengewehrfeuer, Kanonen, mit Kapseln zu laden, gepanzerte Transporter und sogar Flugzeuge. Besondere Freude bereiteten mir die Fliegerbomben: Bleigewichte, in der Mitte auseinandergeschnitten, in die man Kapseln stecken konnte, die beim Aufprall ordentlich krachten.

Ich liebte diese Kiste mit ihrem wunderbaren Inhalt, vielleicht deshalb, weil ich nur selten Gelegenheit bekam, damit zu spielen. Hatte ich alles auf dem Boden ausgebrei-

Klein Gunther zackig salutierend, um 1933

tet, stellte ich veritable Kampfszenen zusammen, Wehrmachtssoldaten, die Stellungen stürmten, unterstützt von Flugzeugen und Artillerie, Soldaten, die in Reih und Glied marschierten oder einem imaginären Feind auflauerten. Zu meinem Bedauern enthielt nämlich die Wunderkiste nur deutsche Soldaten, deutsche Panzer, mit kleinen Hakenkreufahnen, deutsche Kanonen und Flugzeuge, jedoch keine Russen, keine Engländer oder Franzosen, natürlich auch keine Jugoslawen, von denen im Haus meines Onkels nur mit größter Verachtung gesprochen wurde; die waren keine würdigen Gegner, sondern feige Banditen, die unsere Leute aus dem Hinterhalt überfallen und ihnen die Gurgel durchgeschnitten hatten. Ich kann mich nicht erinnern, dass Gunther jemals anwesend gewesen wäre, wenn ich seine Soldaten aus der Kiste holte. Vielleicht hätte er das nicht gern gesehen. War ich bei Onkel Ernst, wurde mir Gunthers Zimmer zugewiesen, der in Wien Jus studierte, wie sein Vater, mein Großvater und mein Vater. Selbstverständlich trat Gunther auch einer schlagenden Verbindung bei, der Burschenschaft Olympia, die bis heute als besonders radikal und rechtsextrem gilt. Gunther war befreundet mit Norbert Burger, einem der sogenannten »Südtiroler Bumser«, ebenfalls Mitglied der Olympia und Mitbegründer der später wegen nationalsozialistischer Wiederbetätigung verbotenen Nationaldemokratischen Partei (NDP).

Mir gegenüber verhielt sich Gunther, den ich selten zu Gesicht bekam, distanziert. Möglicherweise hatte er nichts übrig für kleine Kinder, besonders wenn sie mit seinen Sperrholz-Soldaten spielten. Oder es gefiel ihm nicht, dass ich nie strammstand und zackig salutierte, wie er das als Kind getan hatte.

Womöglich lag es auch an meiner Haltung. Ich war zwar keine Heulsuse, doch schneidig war ich vermutlich nicht, was immer das für ein kleines Kind bedeuten mochte. Schneidig war in meiner Familie ein häufig gebrauchtes Wort, es bezeichnete meist Angehörige der Wehrmacht, vor allem höhere Ränge, sowie illegale Nazis, jedenfalls Männer, die aufopferungsvoll für das Dritte Reich gekämpft hatten. Es war ein Lieblingswort meiner Großmutter, und einer der Schneidigsten war in ihren Augen natürlich mein Vater, Sturmbannführer der SS und Angehöriger der Gestapo, ab 1944 Leiter eines Sonderkommandos einer Einsatzgruppe. Ein Mordkommando. Er und die Angehörigen seiner kleinen Truppe, die in Polen und der Slowakei Jagd auf Zivilisten und versteckte Juden machten, waren allesamt schneidig. Daran durfte nicht gezweifelt werden. Schneidig war auch der jüngere Bruder meines Vaters, der sich zuerst bei der Aussiedlung von Slowenen auszeichnete und dann als Scharfschütze in Frankreich eingesetzt wurde, gegen die vorrückenden Alliierten. Immer schneidig.

Ich war in meiner Kindheit ein Raufbold, sicher kein Feigling, doch als schneidig wurde ich nie bezeichnet, was ich irgendwie bedauerlich fand. Wie gern hätte ich es meinem Vater und meinem Onkel gleichgetan. Das sollte mir später vergehen.

1937 ließ sich Onkel Ernst von dem damals bekannten Künstler Walter Prinzl aus Melk an der Donau ein Exlibris fertigen, das in vielerlei Hinsicht aufschlussreich ist:

Im Zentrum steht das Bast-Haus in Tüffer, der Name Paul Bast ist klar erkennbar. Das versinnbildlicht seine tiefe Verbundenheit mit der kleinen Stadt, die er nach wie vor als seine engere Heimat betrachtete. Rechts oben das Wappen von Amstetten, darunter die Waage und das Buch mit Paragraphen, die Symbole der Juristerei, daneben Mütze und Schläger der Germania in Graz und schließlich links oben, im Strahlenkranz, das Hakenkreuz.

Es ist bezeichnend, dass er dieses Exlibris 1937 hat machen lassen, als die Nationalsozialisten sich wieder frei bewegen konnten. So brauchte er keine Scherereien mit den Behörden zu befürchten.

Oft sind es Bilder, Fotografien, die Auskunft geben über die Menschen und ihre Ansichten. Sie sind zu vorsichtig, vielleicht auch zu ängstlich, um sie niederzuschreiben, sie haben gelernt, dass Aufzeichnungen ihnen zum Verhängnis werden können, wenn sie in fremde Hände geraten. Wenn

Exlibris Ernst Bast, 1937

sie sich jedoch unbeobachtet, unbelauscht wähnen, im Kreis der Familie, in Gesellschaft von Freunden, Gleichgesinnten, dann kann es geschehen, dass sie alle Vorsicht vergessen, dass sie die Maske fallen lassen, aus sich herausgehen und reden, wie ihnen der Schnabel gewachsen ist, und schließlich den Arm hochreißen und einschlägige Lieder singen.

Auf einer Fotografie von 1932, aufgenommen in Ferlach in Kärnten, sieht man drei Kinder in einem Garten, alle drei zeigen den Hitlergruß, auch das ältere, in einem Liegestuhl sitzende Mädchen.

Wem führen die Kinder diesen Gruß vor? Wer hat ihnen das beigebracht? Es ist auszuschließen, dass Kinder in der österreichischen Provinz im Jahr 1932 von selber auf diese Idee kommen. Das muss ihnen jemand gezeigt haben,

Zu Besuch bei Freunden in Ferlach, 1932

dazu müssen sie aufgefordert werden. Es handelt sich um die Kinder eines engen Freundes von Onkel Ernst, der vor dem Ersten Weltkrieg als Notaranwärter in Tüffer tätig war und nach 1918 die Untersteiermark verließ, um sich in Kärnten niederzulassen. Dort machte er Karriere. Der Notar stammte aus der Gottschee, hatte in Graz studiert, war dort der Burschenschaft Germania beigetreten, und er war ein begeisterter Jäger. Alles passt zusammen: das Milieu, dem der Freund und die Bastischen entstammen, die politische Überzeugung, die Lebensweise, die Begeisterung für die Jagd, das Bewusstsein, dass sie aus der Heimat vertrieben wurden. Sie fühlen sich unschuldig, als Opfer, sie sinnen auf Rache und schließen sich dem an, der ihnen verspricht, das

Verlorene, die verlorene Heimat zurückzuholen, und sei es im Kampf.

Onkel Ernst besuchte den Freund 1932 in der Büchsenmacherstadt Ferlach, wo dieser eine Stelle als Notar gefunden hatte, später sollte er nach Klagenfurt übersiedeln. Offensichtlich war er es, Onkel Ernst, dem die Kinder auf Geheiß des Vaters den Hitlergruß vorführten, wofür sie gewiss Lob einheimsten. Kinder sind gelehrig und zeigen gern vor, was sie von Erwachsenen abgeschaut haben.

Die Söhne der Bast-Brüder in Amstetten, mein Vater, sein jüngerer Bruder und Gunther, sind dafür ein beredtes Beispiel. Überzeugte Nationalsozialisten ihr Leben lang, die nie etwas bereut oder gar zurückgenommen haben. Sie konnten sich gar nicht vorstellen, ihre Anschauungen zu ändern, vielleicht gar Bedauern zu äußern angesichts der Opfer, deren Blut buchstäblich an ihren Händen klebte. Gunther war zu jung, um eingezogen zu werden, er musste sich zu seinem Bedauern mit der Position eines Flakhelfers begnügen. Wie gern hätte er wie einer seiner Sperrholz-Soldaten eine richtige Uniform und richtige Waffen getragen und richtig gekämpft.

Nach dem Krieg kompensierte er das durch eine radikal rechtsextreme Haltung, verbunden mit einer offen zur Schau getragenen Verehrung für Adolf Hitler. Gunther gehörte zu dem Häuflein verschworener Neonazis, die noch bis ins hohe Alter zu Hitlers Geburtstag am 20. April nach Braunau pilgerten. Dem Rechtsanwalt erwuchsen daraus nie ernsthafte Probleme.

Mein Großvater reiste nicht so häufig wie Onkel Ernst nach Laško, er zog es vor, nach Kočevje zu fahren, in seine Jagdhütte, wo er wie ein Junggeselle hausen und nach Herzenslust jagen konnte. Von diesen Jagden erzählte er mir als Kind herrliche Geschichten von angeschossenen Ebern, die ihm auflauerten, oder von Wölfen, die in ganzen Rudeln hungrig um seine Jagdhütte strichen und dabei heulten, dass einem die Haare zu Berg standen. Er verstand es wunderbar, das Heulen der Wölfe machzuahmen, indem er die Hände wie einen Trichter um den Mund legte: uuuhuu, uuuhuu … Er habe in der Gottschee zahllose Wölfe erlegt, erzählte der Großvater, und eines Tages schenkte er mir tatsächlich ein präpariertes Wolfsfell, der Schädel mit Gips gefüllt, das Maul weit aufgerissen, sodass man die gelblichen Zähne sehen konnte, ein imponierendes Gebiss; rundherum war das Fell mit einer grünen Borte gesäumt. Ich nahm die Trophäe mit ins Internat in den salzburgischen Hohen Tauern, wo sie große Bewunderung erregte. Für die Fellpflege gab mir Großmutter eine eigene Bürste mit, eine gewöhnliche Schuhbürste, auf deren Rücken sie mit Tintenblei in Großbuchstaben WOLF gemalt hatte, damit ich sie nicht irrtümlich zum Schuhputzen verwendete.

Wenn die Familie in Laško zusammenkam, die Schwestern aus Zagreb, Käthe und Josefine mit ihren Kindern, die Brüder aus Amstetten, auch sie mit Anhang, wurde es eng im Bast-Haus. Dann wurde viel getrunken und erzählt und politisiert. Auch in Laško gab es Anhänger der nationalsozialistischen Bewegung, nicht nur Deutsche, die sich dazugesellten, um mit den Bastischen zu bechern und über die politische Lage zu diskutieren.

Viele Slowenen beklagten sich über die rücksichtslose Vorherrschaft der Serben unter König Alexander, der zunehmend die Demokratie aushöhlte, bis er sie im Jänner 1929 durch einen Putsch gänzlich beseitigte und sich mit dikatorischen Vollmachten ausstatten ließ. Das Königreich SHS wurde in Königreich Jugoslawien umbenannt, die Namen der Völker verschwanden aus dem Staatsnamen, nationale Kennzeichen und Symbole wurden verboten. Das Territorium des Staates wurde in neun Banate unterteilt, die nicht mehr an die verschiedenen Völker erinnerten. Die überwiegend von Slowenen besiedelten Gebiete, die auch die ehemalige Untersteiermark umfassten, wurden Draubanat genannt.

Diese Veränderungen wurden von den Deutschnationalen, die insgeheim mit dem Anschluss der Gebiete an ein künftiges Großdeutsches Reich liebäugelten, aufmerksam beobachtet. Manchmal trafen sich die Angehörigen der Bast-Familie auch bei näheren und ferneren Verwandten, um einen Geburtstag oder Namenstag zu feiern, etwa in der Villa von Gusti, Gustav Schmidinger, am Ufer der Sann. Pauline blieb diesen Treffen, wenn sie außerhalb des Bast-Hauses stattfanden, meist fern, ebenso wie Drolc, der sich nicht zugehörig fühlte. Er war konservativ, doch zweifellos ein bewusster Slowene und treuer Katholik. Die katholische Kirche wurde jedoch von seinen Amstettner Schwagern vehement abgelehnt, ja angefeindet. Sie nahmen sich im Elternhaus kein Blatt vor den Mund und höhnten über die Pfaffen und ihre Diener, die das Volk verdummten und sich dabei die Taschen vollstopften.

Wie hat Drolc auf diese Provokationen reagiert? Hat er den Brüdern widersprochen, die bei jeder Gelegenheit vom Deutschen Reich schwadronierten, dem auch die Gebiete der ehemaligen Untersteiermark angeschlossen werden müssten, da sie schließlich urdeutscher Boden seien? Ich glaube eher, dass er Auseinandersetzungen aus dem Weg ging, nicht zuletzt aus Rücksicht auf seine Frau. Pauline liebte ihre Brüder, ungeachtet ihrer politischen Einstellung. Möglicherweise sympathisierte sie sogar zaghaft mit manchen ihrer Ansichten, hütete sich jedoch, das offen auszusprechen. Am 12. April 1938 schickte sie eine Osterkarte an Onkel Ernst, auch im Namen von Drolc. Sie erwähnte dort den vor kurzem erfolgten »Anschluss« Österreichs an Hitlerdeutschland: »Über die Ereignisse bei Euch sind auch wir sehr erfreut! Wir hörten fleißig Radio.«

Drolc hat nicht unterschrieben, es erscheint auch zweifelhaft, dass er über die politischen Ereignisse im Deutschen Reich, das nun plötzlich an Slowenien grenzte, sehr erfreut war. Er kannte die Nationalsozialisten und ihre Machtansprüche aus eigener Erfahrung und konnte sich ausmalen, was den Slowenen drohte, wenn die Hitlertruppen in Jugoslawien einmarschieren sollten.

Am 22. März 1938 trafen der Reichsführer SS Heinrich Himmler und der Oberabschnittsführer von Österreich, Minister Ernst Kaltenbrunner, in Amstetten ein, um den Sturmbann der SS-Standarte 52 zu besuchen und einen Appell abzuhalten. Die Standarte 52 hatte mein Vater 1936 nach der Verhaftung ihrer Führer bis zu seiner eigenen Arretierung geleitet. Eigentlich war er zuständig zur SS-Standarte 38 in seinem Studienort Graz.

Im Mai 1938 schrieb Ernst Basts Tochter Gudrun, elf Jahre alt, die in der Nähe von Salzburg eine Schule besuchte, über eine aufregende Begegnung nach Amstetten: »Heute habe ich den Generalfeldmarschall Göring prachtvoll gesehen. Wir Jungmädel waren zu beiden Seiten der Straße aufgestellt. Er schaut gut aus. Er hatte seinen Generalstab in der Hand.«

Paulines Brüder hatten allen Grund, zu triumphieren. Eben waren sie noch auf der Liste illegaler Nationalsozialisten gestanden, die mit der Verhaftung zu rechnen hatten, der Einweisung in ein Anhaltelager, der Zahlung von Schadenersatz für Zerstörungen, die möglicherweise nicht sie selber, sondern Gesinnungsgenossen angerichtet hatten. Jetzt aber lag es in ihren Händen, Anhänger des Ständestaates, Sozialdemokraten und in erster Linie natürlich Juden auf Listen zu setzen oder, wie mein Vater in seiner Funktion als Gestapobeamter, eigenhändig zu verhaften und zu drangsalieren. Jetzt waren sie an der Macht. Das prägte auch ihr Auftreten bei den Besuchen in Laško und Kočevje. Sie benahmen sich wie Sieger.

Von Pavel Hrastelj habe ich eine schöne Fotografie erhalten, die Drolc mit Pauline im Kreis zahlreicher Begleiter zeigt. Die Aufnahme wurde vor der Wallfahrtskirche des heiligen Hermagoras auf dem Šmohor bei Laško gemacht, anlässlich eines Ausflugs auf den 776 Meter hohen Berg. In der Bildmitte, soigniert und mit Spitzbart, sitzt der Organist Drolc, links von ihm seine Frau Pauline, auch Paula oder, slowenisch, Pavla genannt. Außer ihr sind alle Slowenen. Die Aufnahme ist undatiert, doch wir wissen, dass der Bub mit dem Fußball 1927 geboren wurde. Das Foto dürfte also 1939 oder 1940 entstanden sein.

Die Slowenen haben noch allen Grund, den Ausflug zu genießen, sie sind fröhlich und gut gelaunt. Auch Pauline lacht, sie scheint sich wohlzufühlen inmitten der slowenischen Freunde und Bekannten. Der Mann im dunklen Mantel, der eine Aktentasche an seine Brust gepresst hält, ganz links, ist Franče Kupec; er war als Hilfskraft bei Pauline und anderen Bewohnern von Tüffer beschäftigt. Holz machen, schwere Lasten schleppen und andere grobe Arbeiten, die viel Kraft brauchen. Franče war angeblich ungeheuer

Ausflug auf den Šmohor, verm. 1940:
Franče Kupec (links außen stehend), Pauline (zweite Reihe sitzend, Zweite von links), Drolc rechts von ihr

kräftig, aber nicht ganz richtig im Kopf, er war gutmütig und Pauline ergeben, die ihn stets gut behandelte. Manchmal half Franče auch Drolc, die Pedale der Orgel zu treten.

Zwei ältere Bewohnerinnen von Laško, Marta Jerše und Ana Knez, haben für mich die Namen der Abgebildeten, soweit sie sie wissen, auf der Rückseite der Aufnahme notiert. Bei Franče Kupec, Drolc und Tante Pauline waren sie sich einig, die erkannten sie auf den ersten Blick. Auch von den meisten anderen wussten sie die Namen, die lachende junge Frau mit Pullmanmütze und einem Stock in der Hand ist Frau Jutriša, die manchmal in Onkel Ernsts Erzählungen auftauchte.

Ein Ausflug von Bewohnern von Laško, vermutlich ein Jahr vor dem Einmarsch der Deutschen. Pauline gehört für die slowenische Gesellschaft dazu, sie wird als Unsrige betrachtet. Auch wenn sie nicht gut Slowenisch spricht, ist sie doch die Frau des Organisten Drolc, der als Mesner und Chorleiter hohes Ansehen genießt. Dass sich Pauline den Ausflüglern anschließt, erscheint bemerkenswert, geht sie doch zu jener Zeit kaum mehr aus dem Haus. Die meisten Bewohner von Laško kennen sie nur als Gestalt im Fenster, bis zu den Hüften.

Das ist symbolträchtig, denn Pauline ist tatsächlich eine zerrissene Persönlichkeit: Auf der einen Seite ist sie Deutsche, Tochter einer deutschen Familie, und liebt ihre rabiat deutschnationalen Brüder, andererseits fühlt sie sich ihrer slowenischen Heimat verbunden, ihrem slowenischen Mann und ihren slowenischen Begleitern, mit denen sie auf den Berg Šmohor wandert, der ihr keine großen Anstrengungen abverlangt. Anstrengende Bergtouren sind Sache ihrer Brüder und deren Söhne, so wie die Jagd. Drolc ist kein Alpinist und auch kein Jäger.

7

In den späten dreißiger Jahren verbesserte sich die Lage der deutschsprachigen Bevölkerung in der ehemaligen Untersteiermark merklich. Der wachsende Einfluss Hitlerdeutschlands auf das von nationalen Spannungen zerrüttete Jugoslawien hatte eine zunehmende Annäherung der jugoslawischen Politik an Deutschland zur Folge, begleitet von einer Lockerung der Restriktionen gegenüber der deutschen Minderheit, deren Angehörige sich im Schwäbisch-Deutschen Kulturbund zusammengeschlossen hatten. Sie sympathisierten mehrheitlich mit dem Nationalsozialismus und träumten davon, die Vormachtstellung der deutschsprachigen Bevölkerungsgruppe wieder zu erringen.

Nach der Machtergreifung Hitlers fühlte sich die Minderheit in ihren Ansprüchen bestätigt. Ihre Vertreter schauten hoffnungsvoll nach Deutschland, von wo sie sich Unterstützung für ihre Anliegen erwarteten. Es kam zu ersten Kontakten zwischen völkisch denkenden Untersteirern und Stellen im Deutschen Reich, die sich mit der Lage der Auslandsdeutschen befassten. Die Mitglieder des Kulturbundes wurden dadurch ermutigt, offen ihre Verbundenheit mit Hitlerdeutschland zu bekunden. Aus Erzählungen von Onkel Ernst ist mir in Erinnerung, dass Deutsche in Laško, Celje oder Maribor ungeniert im verbotenen Steirerg'wand, Lederhosen mit weißen Stutzen, eine Kornblume am Revers, auf der Straße paradierten, was oft in Rempeleien endete. Aus diesem Grund habe er bei seinen Besuchen stets einen derben Stock getragen – so wie einst in der Grazer Studentenzeit, als deutschnationale Korporierte ihre Gegner mit solchen Stöcken »holzten«.

Die slowenischen Behörden beobachteten diese Entwicklung mit wachsender Sorge, bis der jugoslawische Innenminister Anton Korošec, ein Slowene, einige besonders auffällige Organisationen des Kulturbundes auflöste, was jedoch nicht lange währen sollte. Unter dem Druck des Deutschen Reiches wurde das Verbot 1939 zurückgenommen, sodass der Kulturbund seine Tätigkeit in vollem Umfang wieder aufnehmen konnte. Die Mitglieder feierten ostentativ nationalsozialistische Feste und grüßten einander in der Öffentlichkeit mit »Sieg Heil!«.

Über die Grenze wurde Propagandamaterial, Zeitungen, Flugblätter, Plakate und Broschüren, nach Jugoslawien geschleust, um die NS-Sympathisanten zu unterstützen. Die wichtigsten Zentren des deutschen Untergrunds befanden sich in Maribor, Ptuj, Celje und Jesenice, einem kleinen Ort an der Kärntner Grenze. Auch in Laško gab es Mitglieder des Kulturbundes, doch die Gruppe war zu schwach, um eine eigene Organisation zu bilden, sodass sie sich der Ortsgruppe Celje anschließen musste. Von einigen Bewohnern von Laško war bekannt, dass sie NS-Sympathisanten waren und so etwas wie eine Fünfte Kolonne bildeten: Sie sammelten Informationen und schrieben Berichte, die sie an deutsche Stellen weiterleiteten. Zu ihren Aufgaben gehörte es auch, Listen möglicher Gegner zu erstellen, die im Fall eines Einmarsches unschädlich gemacht werden sollten. Die Funktion eines Verbindungsmannes bekleidete zeitweise mein Vater, Gerhard Bast, leitender Beamter der Gestapo in Graz, der seine privaten Besuche bei Tante Pauline dazu nutzte, um Kontakte zu knüpfen und Parteigänger für künftige Aufgaben zu instruieren.

Ob Pauline von der geheimdienstlichen Tätigkeit ihres Neffen wusste, ist fraglich. Angesichts der Tatsache, dass sie mit einem Slowenen verheiratet war, ist anzunehmen, dass mein Vater und Onkel Ernst die Verwandtschaft in Laško darüber nicht informierten.

Von meinem Vater war bekannt, dass er bei der Gestapo in Graz die Abteilung Gegnererforschung und -bekämpfung leitete, weshalb er vom jugoslawischen Geheimdienst genau beobachtet wurde. Das konnte nicht verhindern, dass er im engeren Familien- und Freundeskreis relativ ungestört seiner Tätigkeit nachging. Die jugoslawischen Behörden scheuten sich, hart gegen Angehörige des Deutschen Reiches vorzugehen und damit einen offenen Konflikt vom Zaun zu brechen.

Im Sommer 1940 kam es in Laško zu einem Familientreffen, an dem neben meinem Großvater und Vater auch Guido aus Zagreb teilnahm. War das nur eine private Begegnung oder diente sie zur Tarnung, zum Beispiel für ein Treffen mit NS-Sympathisanten? Das lässt sich nicht feststellen, denn es existieren keine schriftlichen Aufzeichnungen, sondern nur ein paar harmlose, wenig aussagekräftige Aufnahmen. Mein Großvater, im Bett liegend, zugedeckt bis zum Kinn: »Erfolg des Abschiedstrunkes« steht auf der Rückseite, in der Handschrift meines Vaters; auf der Rückseite einer anderen Aufnahme: »Guido, sichtbar verkatert«.

Die Bewohner von Laško spürten die Anzeichen der heraufziehenden Katastrophe, doch nach außen hin führten sie ihr gewohntes Leben weiter. Sie besuchten die Kirche und sangen im Chor, den der Organist Drolc leitete; sie suchten Entspannung in einem der Gasthäuser; sie flanierten mit Frau und Kindern auf der Promenade entlang der Savinja;

»Guido, sichtbar verkatert«, 1940

sie fuhren nach Celje, um einzukaufen; und wenn das Wetter danach war, suchten sie das Freibad an der Savinja oder das elegante Bad in Rimske Toplice, Römerbad, auf. Rimske Toplice ist eine kleine Siedlung zwischen Laško und Zidani Most, Steinbrück. Das Leben in der Kleinstadt ging scheinbar seinen normalen Gang.

Die Ausschreibung für die Pacht der Gemeindejagd von Laško hatte der Geschäftsinhaber Emil Pleskovič im Dezember 1939 für den Ausrufpreis von fünfhundert Dinar für sich entschieden. Pleskovič war ein guter Bekannter meines Vaters, mit dem er auf die Jagd ging, ich glaube jedoch nicht, dass er mit dem Nationalsozialismus sympathisierte.

Im August 1940 beklagte die in Celje erscheinende Zeitung *Nova doba* in den Lokalnachrichten die wachsende Zahl streunender Hunde in Laško, die eine große Gefahr für die Bewohner darstellten. Angeblich gab es bereits Fälle von Tollwut. Um der Plage Herr zu werden, wurde eine strenge Hundekontumaz ausgerufen, wonach es verboten war, Hunde auf die Straße zu lassen oder sie gar in Läden und Gaststätten mitzunehmen.

In einer Notiz derselben Zeitung wurden die ältesten Bewohner von Laško aufgelistet, voran die seit 42 Jahren verwitwete Ana Amon, 88. Frau Amon war 46 Jahre als Lehrerin tätig und befand sich seit 1918 im Ruhestand. Ana war eine Tante von Ernst Basts erster Frau Alexandra. Onkel Ernst blieb mit ihr bis zu ihrem Tod eng befreundet.

Um den immer schärfer vorgebrachten Forderungen des Deutschen Reiches entgegenzukommen und einen Krieg abzuwenden, entschloss sich die jugoslawische Regierung, dem Dreimächtepakt Deutschland – Italien – Japan beizutreten. Am 25. März 1941 unterzeichneten Ministerpräsident Dragiša Cvetković und Außenminister Aleksandar Cincar-Marković nach langem Zögern in Wien den unpopulären Beitritt Jugoslawiens. In Belgrad kam es prompt zu Massendemonstrationen gegen das Abkommen, eine Gruppe von Offizieren stürzte die Regierung, entmachtete die aus Wien zurückkehrenden Politiker und übergab dem siebzehnjährigen Peter Karađorđević, Sohn des 1934 ermordeten Königs Alexander, die Regierungsgeschäfte. Jugoslawien schloss am 5. April 1941 einen Freundschafts- und Nichtangriffspakt mit der Sowjetunion. Das war für Hitler das Signal für den überfallsartigen Angriff ohne vorherige Kriegserklärung oder Ultimatum.

Am Palmsonntag, dem 6. April 1941, begann die deutsche Wehrmacht mit dem bis ins Detail vorbereiteten Einmarsch. Italien, Ungarn, Rumänien, Bulgarien und Albanien schlossen sich in der Erwartung an, ihre Territorien um angrenzende jugoslawische Gebiete erweitern zu können. Ungarn bekam den größten Teil des Übermurgebiets, slowenisch Prekmurje, und die überwiegend ungarischsprachigen Gebiete der Vojvodina. Italien marschierte im Westen ein und besetzte Teile Dalmatiens und die Gebiete um die Hauptstadt Ljubljana mit der deutschen Sprachinsel Gottschee. Die besetzten Gebiete wurden zur *Provincia di Lubiana* zusammengefasst. Deutschland okkupierte die Untersteiermark und Oberkrain, die den Gauen Steiermark und Kärnten einverleibt wurden.

Im Kino von Laško wurde am Samstag, den 5. und Sonntag, den 6. April das amerikanische Filmmusical *Roža Velemesta* (Rose of Washington Square) mit Tyrone Power, Alice Faye und Al Jolson in den Hauptrollen gegeben. »Die große Liebe, die alle Hindernisse überwindet«, hieß es in einer Ankündigung.

Die jugoslawische Armee war auf den deutschen Angriff schlecht vorbereitet und hatte der materialmäßig weit überlegenen Wehrmacht wenig entgegenzusetzen. Zwei Tage nach Kriegsbeginn stießen erste deutsche Einheiten nach Maribor und Ptuj vor. Bis zum 11. April gelang es den Deutschen, die Verteidigungsstellungen der jugoslawischen Armee aufzurollen und das Gebiet der Untersteiermark zu besetzen. Die Militärverwaltung blieb nur ein paar Tage im Amt, dann übernahm der NS-Gauleiter und Reichsstatthalter in Graz, Sigfried Uiberreither, das zivile Kommando. Er wurde vom Gauführer des Schwäbisch-Deutschen Kulturbundes in den slowenischen Gebieten, dem evangelischen

Pastor Hans Baron, bei einer Großkundgebung in Maribor mit den Worten begrüßt:

»Wir sind deutsch und frei! Dreiundzwanzig Jahre lang haben wir Spott und Hohn ertragen, die Zähne zusammengebissen und nie aufgehört, zu hoffen, daß der Tag der Befreiung kommen werde. Nun ist er da!«

Uiberreither ließ in seiner Rede anklingen, welches Schicksal die Slowenen erwartete, die sich weigerten, den Deutschen bedingungslos Gehorsam zu leisten.

»Wir wollen dieses Land so heranbinden, daß darinnen nur Platz hat der Deutsche und jene Steirer, die Jahre und Jahrzehnte und Jahrhunderte hindurch treu und kameradschaftlich Schulter an Schulter mit unseren Volksgenossen gekämpft haben, die, uns blutmäßig sehr nahe verwandt, bereit gewesen sind, auch in den letzten Jahrzehnten mit allen Fasern ihres Herzens den Anschluß an Deutschland herbeizusehnen. Mit diesen wollen wir arbeiten. Und alles andere, meine Volksgenossen, daraus mache ich kein Hehl, das muß hinaus!«

Das war der ausdrückliche Wunsch Adolf Hitlers, wie Uiberreither betonte, der daran erinnerte, dass er von Hitler den Befehl erhalten habe: »Machen Sie mir dieses Land wieder deutsch!«

Dieses Programm wolle er mit »Eiskälte« durchsetzen, versprach der Gauleiter. Die entsprechenden Maßnahmen und Verordnungen ließen nicht lang auf sich warten. Verantwortliche Positionen wurden mit bewährten Nationalsozialisten besetzt, von denen viele von auswärts kamen. Statt der bisherigen Bürgermeister, ausschließlich Slowenen, wurden sogenannte Amtsbürgermeister ernannt, durchwegs Deutsche.

Als erster Amtsbürgermeister von Laško wurde Ingenieur Gustav Schmidinger eingesetzt, Onkel Ernsts Schwager, der allerdings nur wenige Monate amtierte, dann legte er die Funktion nieder, weil er nicht einverstanden war mit der brutalen Behandlung der Slowenen. Schmidinger kam wegen seiner kritischen Haltung mit der Gestapo in Konflikt, die in Laško im ehemaligen *Sokolski dom* residierte, dem Haus der Sokoln. Um einer eventuellen Verhaftung zu entgehen, setzte er sich für einige Zeit nach Zagreb ab, wo er bei Paulines Schwestern Unterschlupf fand.

Gleichzeitig gibt es glaubwürdige Berichte, wonach Schmidinger in Laško der Kommission angehörte, die für die Aussiedlung unerwünschter Slowenen verantwortlich war. Es steht fest, dass er nach Kriegsende wie Pauline ins Lager Hrastovec gebracht, jedoch bald wieder entlassen wurde. Er pendelte in der Folge noch jahrelang zwischen Slowenien, Österreich und Kroatien hin und her, in der Hoffnung, seinen Besitz, die Villa in Laško und einen großen Weingarten in der Koloss, auf irgendeine Weise erhalten zu können, was sich als aussichtslos erwies. Doch allein die Tatsache, dass Schmidinger in Slowenien nach 1945 nicht vor Gericht gestellt wurde und sich jahrelang frei bewegen konnte, spricht dafür, dass er sich in der Okkupationszeit anständig verhalten hatte.

Der Chef der Zivilverwaltung, Gauleiter Sigfried Uiberreither, erließ zahllose Anordnungen, um die Untersteiermark möglichst rasch »einzudeutschen«, wie er das nannte, und von unerwünschten slowenischen Elementen zu säubern. So erhielten die Orte wieder ihre deutschen Namen, die slowenischen wurden verboten: Laško hieß fortan wieder Tüffer, Celje Cilli, Ptuj Pettau, Slovenj Gradec Windischgraz und so weiter, bis hin zum kleinsten Weiler. Bei Orten, die nach Heiligen benannt wurden, musste das »Sankt«

gestrichen werden, was die gläubige Bevölkerung gegen die Deutschen aufbrachte. Straßennamen, die Aufschriften an privaten und öffentlichen Gebäuden, an Schulen und kirchlichen Einrichtungen, an Geschäften und Gaststätten durften nur mehr deutsch sein, die slowenischen Aufschriften mussten entfernt werden, sogar die jugoslawischen Hausnummern wurden durch deutsche Tafeln ersetzt. Straßennamen wurden geändert, alles, was slowenisch klang, sollte ausgemerzt werden. Auch die Namensschreibung wurde neu geregelt, slowenische Namen durften künftig nur mehr in der deutschen Form geschrieben werden, also Drolz statt Drolc, Fritz statt Fric, Mitzi statt Micka.

Alle slowenischen Vereine und Organisationen – Schützenvereine, Imkervereine, Jagdvereine, Lesevereine, katholische Bildungsvereine, Sokol-Vereine usw. – wurden aufgelöst und ihr Vermögen konfisziert. Gleichzeitig wurden slowenische Bibliotheken und Leseräume geschlossen, der Buchbestand wurde entweder vernichtet oder deutschen Institutionen übergeben. Im Bast-Haus war nach 1918 eine slowenische Bücherei mit einer *čitalnica*, einem Lesesaal, eingerichtet worden, nun zog eine deutsche Bücherei ein.

Manche Maßnahmen erinnerten an das Vorgehen slowenischer Behörden nach 1918, doch insgesamt gingen die Deutschen mit unglaublicher Brutalität vor, gepaart mit dem Bestreben, die Slowenen auf Schritt und Tritt zu erniedrigen, sodass sie alles, was Angehörigen der deutschen Minderheit nach 1918 widerfahren war, bei weitem in den Schatten stellten.

In Tüffer trafen die Deutschen am 11. April ein, dem Karfreitag. Ein gewisser Ivan Korošec, den die Deutschen später nach Kroatien aussiedeln sollten, führte von Beginn der Okkupation bis zu seiner Deportation ein sogenanntes

»Aussiedlertagebuch«, in dem er penibel die Schikanen und Repressalien gegen die Slowenen notierte, allerdings auch die vereinzelten Fälle, in denen seine Landsleute die Okkupanten begeistert begrüßten.

»Es waren auch solche unter den Grüßenden, von denen wir geglaubt hatten, sie seien hundertprozentig Unsere.« Und dann stichwortartig: *»Teršek Karol, penzionist, Heil. H.«* Korošec vermerkte, wie die Deutschen Angehörige der Intelligenz, vor allem Priester, demütigten und drangsalierten. Sie wurden gezwungen, die Straßen und besetzte Gebäude zu reinigen, oft mit bloßen Händen und in ihrer besten Kleidung. Zu Pfingsten wurde das Kino in Tüffer wieder in Betrieb genommen, es wurde der Film »Heimat« nach dem gleichnamigen Schauspiel von Hermann Sudermann gespielt, mit Zarah Leander, Heinrich George, Paul Hörbiger und Leo Slezak.

Anfang Juni begannen die Aussiedlungen von Slowenen. Sie trafen in erster Linie Beamte, Rechtsanwälte, Lehrer, Priester, aber auch einfache Bürger, die als unzuverlässig eingestuft worden waren, wie zum Beispiel die Familie des Tischlers Peter Hrastelj. Die Eltern wurden deportiert, und der kleine Sohn Pavel blieb bei der Großmutter zurück. Pavel Hrastelj verdanke ich zahlreiche wertvolle Informationen. Er erinnert sich, dass er seine Eltern erst 1945 kennengelernt hat.

Es gab allerdings auch Begebenheiten, die zeigen, wie Slowenen auf die Unterdrückung mit Hohn und Spott reagierten. So hatte in der Ortschaft Tevče in der Nähe von Laško jemand ein verendetes Huhn an einen Ast gebunden, dazu eine Tafel mit der Aufschrift: »Ich habe mich lieber aufgehängt, als Eier für Hitler zu legen.«

In seinem Tagebuch notierte Korošec auch die früh

einsetzende Tätigkeit slowenischer Partisanen in der Umgebung von Tüffer. Die Deutschen reagierten darauf mit brutalen Vergeltungsmaßnahmen: Für jeden verletzten deutschen Soldaten sollten fünfzig Geiseln erschossen werden, für jeden getöteten hundert. Das wurde nicht immer rigoros durchgesetzt, doch die Richtung war klar. Die Deutschen gingen mit »unerbittlicher Härte« vor, was der Partisanenbewegung stets neuen Zulauf verschaffte. Laut einer Tagebucheintragung von Ivan Korošec wurden am 21. August 1941 eintausend Personen aus Cilli deportiert. Der Grund: In der Stadt waren ein deutscher Offizier und zwei Soldaten von Partisanen erschossen worden.

Ungefähr zu selben Zeit stiegen Angehörige der Hitlerjugend auf den Hum, den Hausberg von Tüffer, und sägten das auf dem Gipfel stehende Eucharistische Kreuz um, eine Erinnerung an den Eucharistischen Kongress in Ljubljana 1935. Gläubige Slowenen bargen das geschändete Kreuz und brachten es in die Pfarrkirche, wo sie es auf Weisung von Drolc beim Hauptaltar aufstellten. Dafür brauchte es einigen Mut, auch von Drolc, der als Slowene und Kirchenmann ohnehin unter Beobachtung stand. Es ist möglich, dass die Deutschen ihm gegenüber ein Auge zudrückten, weil er mit einer Deutschen verheiratet war, die noch dazu einen leitenden Gestapobeamten zum Neffen hatte.

Eine wichtige Rolle bei der »Eindeutschung« der slowenischen Bevölkerung spielte der von Uiberreither ins Leben gerufene Steirische Heimatbund, der den Schwäbisch-Deutschen Kulturbund ablöste. Der Steirische Heimatbund als Vorfeldorganisation der NSDAP sollte alle Untersteirer, Deutsche wie Slowenen, zusammenfassen. Die Slowenen sollten allerdings vor dem Beitritt einer strengen Prüfung unterzogen werden.

»Mitglied kann nur sein, wer sich rückhaltlos zu Führer und Reich bekennt«, hielt Gauleiter Uiberreither bei der Gründung fest. Voraussetzung für die Aufnahme war zunächst eine »rassische Musterung« durch Mitarbeiter des Rasse- und Siedlungshauptamtes der SS. Dazu wurden Schädel vermessen, Kopfformen und Körperbau kontrolliert und nach obskuren Kriterien kategorisiert: Die Experten unterschieden zwischen Menschen der rein nordischen und fälischen Rasse, vorwiegend nordischer Rasse mit dinarischem oder westischem Einschlag, dinarischer Rasse mit sichtbaren Zeichen der ostischen Rasse und schließlich, als »rassisch ungeeignet«, Menschen der rein ostischen und ostbaltischen Rasse.

Knapp 600 000 Slowenen wurden dieser demütigenden Untersuchung unterzogen, deren Ergebnisse nie wirklich in die Praxis umgesetzt werden konnten. Oft wurden schon die Musterungen durch die verstärkte Partisanentätigkeit verhindert, vor allem in entlegenen Gebieten. Bereits ein paar Monate nach dem Einmarsch wurde das dicht bewaldete Bacherngebirge, slowenisch Pohorje, in der Nähe von Marburg vom Kommandanten der Sicherheitspolizei zum militärischen Sperrgebiet erklärt. Der Bachern wurde zum bevorzugten Rückzugsgebiet der slowenischen Partisanen.

Ob Pauline und Drolc je vor einer »rassischen Musterungskommission« standen, ist fraglich, Pauline war als Deutsche vermutlich davon ausgenommen. Jedenfalls wurden die beiden nicht ausgesiedelt, obwohl sie keine Zweifel aufkommen ließen, dass sie die deutsche Besatzung nicht enthusiastisch begrüßten. Drolc brachte das auch in seinem Verhalten gegenüber der Verwandtschaft in Amstetten zum Ausdruck: Ab 1942 fehlt seine Unterschrift auf Briefen und Karten, die Pauline nach Amstetten schickte.

Viele Slowenen entschlossen sich gezwungenermaßen, sich in den Heimatbund einschreiben zu lassen, weil sie fürchteten, andernfalls ausgesiedelt zu werden. Freilich schützte die Einschreibung nicht unbedingt vor der Aussiedlung, wie der Fall von Ivan Korošec zeigt. Am 20. April 1941 schrieb er in sein Tagebuch: »Heute sind wir in ›unser‹ *Sokolski dom* gegangen und haben uns in den Heimatbund eingeschrieben. Als ob wir zur Verurteilung schreiten würden!«

Am 12. September 1941 wurde Korošec mit zahlreichen anderen Personen aus Laško, Jagoče, Debro und Huda Jama nach Kroatien deportiert. Er kehrte erst im August 1945 zurück.

Die Mitgliedschaft im Heimatbund war zwingende Voraussetzung für den Erwerb der deutschen Staatsangehörigkeit. Deutschsprachige Untersteirer, die mit Slowenen verheiratet waren, konnten keine deutsche Staatsbürgerschaft erwerben. Das betraf Pauline, die sich offenbar gar nicht um eine Mitgliedschaft bemühte. Von deutschen Untersteirern wurde erwartet, dass sie ohne zu zögern dem Heimatbund beitraten, doch Pauline ignorierte das. Der slowenische Zeitgeschichtler Peter Vodopivec, ein hervorragender Kenner der Materie, hat mir bestätigt, dass sie in keiner Liste des Steirischen Heimatbundes aufscheint.

Wenn Pauline Briefe oder Karten nach Amstetten schrieb, verwendete sie gehorsam den deutschen Gruß, wobei sie »Heil Hitler« stets irgendwo an den Rand und in Anführungszeichen setzte, als wolle sie damit kundtun, dass ihr diese Grußformel fremd war. Pauline hielt treu zu ihrem slowenischen Mann, der durch sie einen gewissen Schutz genoss. Zeitzeugen zufolge benahm sie sich slowenischen Nachbarn und Freunden gegenüber wie eh und je und zeigte kein Interesse für Politik. Seit dem Einmarsch der Deutschen ging sie angeblich nicht mehr auf die Straße und wurde nur mehr hinter dem Fenster des Bast-Hauses gesehen.

In einer Karte vom Jänner 1943 an ihren Bruder Ernst schrieb sie allerdings, dass Drolz (sic!) bei der Bezirkshauptmannschaft in Cilli vorgesprochen habe, um einen Reisepass für sie für eine Fahrt nach Agram (Zagreb) zu besorgen. Eine solche Reise sei derzeit jedoch völlig undenkbar. Sie wollte also reisen, doch die Umstände erlaubten es nicht.

Kroatien, das unter dem Ustaša-Führer Ante Pavelić die Unabhängigkeit erlangte hatte und jetzt *Nezavisna Država Hrvatska,* Unabhängiger Staat Kroatien, hieß, war zwar ein Vasall Hitlerdeutschlands, doch die deutschen Behörden wollten offenbar einen allzu regen Austausch zwischen Slowenen und Kroaten verhindern.

Auch der Briefverkehr nach Kroatien unterlag strengen Auflagen. Die Sendungen mussten am Postschalter abgegeben werden, und der Einlieferer musste sich durch einen behördlichen Lichtbildausweis legitimieren. Poststücke aus dieser Zeit, etwa von Zagreb nach Amstetten, waren übersät mit Kontrollstempeln, manche Kuverts wurden vom Oberkommando der Wehrmacht geöffnet und mit Klebestreifen wieder verschlossen. Das Misstrauen, das deutsche Stellen auch engsten Verbündeten entgegenbrachten, war förmlich mit Händen zu greifen.

Alles wurde kontrolliert und durch immer neue, verschärfte Verordnungen geregelt, die den Menschen das Leben schwermachten. So wurden bald nach dem Einmarsch erste Rationierungsmaßnahmen eingeführt. Hausfrauen wie Pauline wurden von Bürokraten belehrt, wie sie mit wenig Fett, Eiern, Zucker und Butter schmackhafte Speisen zubereiten konnten. Die meisten wussten sich zu behelfen, indem sie bei umliegenden Bauern Lebensmittel kauften oder eintauschten, was zwar verboten war, doch allgemein praktiziert wurde.

Die Deutschen versuchten mit groß angelegten Propagandaaktionen, Versammlungen, Reden und Festveranstaltungen, die Bevölkerung für sich zu gewinnen, doch angesichts der brutalen Repressionen blieb das Wunschdenken. Auch in Tüffer gab es immer wieder hohen Besuch und Feste, die den Alltag aufhellen sollten. Einmal stattete Reichsgesundheitsführer Dr. Conti dem Ort eine Kurzvisite ab, dann wurden die Bewohner zu einem Konzert der Wehrmacht eingeladen, die Laienspielgruppe aus Tüffer gab das erbauliche Singspiel »Ich bleib dir treu, mein Heimatland« zum Besten oder es kam eine Abordnung der Hitlerjugend aus Reichenberg im Sudentengau, um Volkslieder und -tänze vorzuführen. Im November 1943 eröffnete Kreisführer Anton Dorfmeister in Tüffer feierlich eine Blasmusikschule, die, so Dorfmeister, dazu beitragen solle, »die Rückvolkung der Untersteirer« zu beschleunigen. Der Organist Drolc, dem früher eine tragende Rolle im musikalischen Leben von Tüffer zugekommen war, wurde zur Eröffnung gar nicht erst eingeladen.

Auf einer undatierten Fotografie aus jener Zeit sieht man einen Redner auf dem Adolf-Hitler-Platz in Tüffer, wie der Aškerčev trg umbenannt wurde. Es könnte sich um Dorfmeister handeln. Er steht auf einem Podest und spricht zu einer im Karree angetretenen Zuhörerschaft: Mitglieder der HJ, Angehörige der Wehrmacht, der Wehrmannschaften sowie Zivilisten. Einige Häuser tragen Hakenkreuzfahnen, eine große Fahne weht von einem hohen Mast. Hinter der Fahne und dem struppigen Baum in der Mitte des

Tüffer, verm. 1942: Kreisführer Anton Dorfmeister am Podium, im Fenster des Bast-Hauses Pauline

Bildes steht mächtig das Bast-Haus, im linken Fenster ist eine Gestalt zu erkennen. Es ist das Fenster von Paulines Zimmer, wir können daher davon ausgehen, dass es sich bei der schemenhaft erkennbaren Person um Pauline handelt. Die Aufnahme dürfte 1942 entstanden sein, anlässlich einer Rede Dorfmeisters vor einer Versammlung des Steirischen Heimatbundes.

Nicht nur die Reisen ins befreundete Ausland wie Kroatien waren strengen Beschränkungen unterworfen, Reisen sollten überhaupt unterlassen werden, weil die Reichsbahn die gesamte Kapazität für Kriegszwecke benötigte. In Zeitungen erschienen Aufrufe: »Hilft Deine Reise siegen? Mußt Du der Front Wagenraum stehlen? Räder müssen rollen für den Sieg!«

Onkel Ernst und Fräulein Perbel fanden offenbar nichts dabei, der Front Wagenraum zu stehlen, denn sie unternahmen schon 1941, ein paar Monate nach dem Einmarsch der deutschen Truppen, die ersten Reisen in die Untersteiermark und nach Zagreb. 1942 und 1943 fuhr Onkel Ernst jeweils viermal nach Tüffer, wo er eine Woche und länger blieb. Manchmal wurde er von seiner Kanzleileiterin begleitet, die sich in Tüffer wie zu Hause fühlte. Noch 1944, als sich die Sicherheitslage durch die Partisanentätigkeit und alliierte Bombenangriffe deutlich verschlechtert hatte, unternahm er einige Reisen dorthin.

Häufig fuhr er von Tüffer weiter nach Zagreb, wo er bei seiner Schwester Käthe am Vrhovac wohnte. Käthe hatte nach dem Tod von Milan Kreković wieder geheiratet und hieß jetzt Käthe Neřival, ihr Mann war vermutlich Tscheche oder tschechischer Herkunft. Mehr als seinen Namen konnte ich nicht herausfinden. In Käthes Korrespondenz, die mir zugänglich war, taucht er nirgends auf.

Was Onkel Ernst und Fräulein Perbel zu ihren Reisen veranlasste, ist unklar. Naturgemäß machte man sich auch in Amstetten darüber Gedanken. So fragte sein Sohn Gunther einmal in einem Brief an seine Mutter, was die beiden denn so lange in Tüffer machten. Das wird sich Michaela Bast vermutlich auch gefragt haben. An sich war es eine klassische Situation: Der Chef fährt mit seiner Sekretärin auf Urlaub. Ich nehme jedoch nicht an, dass die beiden wirklich ein Verhältnis hatten, obwohl einiges darauf hindeutet. In der Korrespondenz wahrten sie jedenfalls stets Distanz. Bleibt die Frage, was die Kanzleileiterin bei der Verwandtschaft von Onkel Ernst in Tüffer und Zagreb zu suchen hatte? Auch ihr herrisches Auftreten gegenüber der Frau ihres Chefs, die sie oft von oben herab behandelte, wirft Fragen auf.

Onkel Ernst schien die Aufenthalte in Tüffer restlos zu genießen, er suchte dort Erholung, unternahm Ausflüge, oft mit seinem Neffen Guido und seinem Schwager Gusti Schmidinger, er traf Freunde und Bekannte – und er hamsterte Lebensmittel, die man in der Untersteiermark offenbar leichter bekam als in Amstetten. Besonders der untersteirische Wein hatte es ihm angetan, konkret der Wein aus Tüffer, der freilich keinen besonderen Ruf genoss. So schrieb Pauline im Februar 1943, also mitten im Krieg, sie habe Kontakt mit einer Wirtin aufgenommen, die bei einem Bauern Wein für ihn besorgen könne, eine Fuhre von 212 Litern. Wie er die nach Amstetten schaffen wollte, ist rätselhaft, denn der Kauf und Verkauf von Wein war streng reglementiert. Privatkunden durften vom Winzer höchstens zwei Liter erwerben, für jeden Transport, auch kleiner Mengen, benötigte man einen genau kontrollierten Transportschein. Onkel Ernst schien sich um solche bürokratischen Kleinigkeiten nicht zu kümmern, vermutlich hatte er gute Beziehungen und schmierte bei Bedarf Bahnbeamte und andere Kontrollorgane.

Die Gäste aus Amstetten ließen sich in Tüffer und Zagreb verwöhnen, sie aßen und tranken reichlich und nahmen noch Esswaren mit nach Hause. Dringend, wie von der Reichsbahn gefordert, waren die Fahrten wohl nicht.

Mit fortschreitender Kriegsdauer wurde das Reisen allerdings beschwerlicher, was Onkel Ernst nicht zu stören schien. Bahnanlagen wurden durch Luftangriffe und Sabotageakte beschädigt, sodass die Reisenden lange Wartezeiten in Kauf nehmen mussten. Im Juli 1944 dauerte eine Fahrt von Amstetten nach Tüffer 24 Stunden. Dazu kam, dass die Partisanen ihre Aktivitäten über die ganze Untersteiermark ausdehnten. Es kam zu Überfällen auf Angehörige der Wehrmacht, aber auch zivile Funktionsträger, wie Beamte oder Mitglieder von Wehrmannschaften.

Die Wehrmannschaften, »der Schwertarm des Steirischen Heimatbundes«, erfassten Männer von achtzehn bis fünfzig Jahren, die nach dem Muster der SA organisiert wurden und ähnliche braune Uniformen trugen. Sie erhielten eine provisorische militärische Ausbildung und Waffen und wurden als Bewachungsmannschaften eingesetzt, doch immer öfter auch im Kampf gegen Partisanen, was die hohen Opferzahlen dieser Formation erklärt. In der Untersteiermark wurden zirka 85 000 Mann für die Wehrmannschaften rekrutiert.

Die Deutschen reagierten auf die Anschläge mit Massenerschießungen und -aussiedlungen. Die Gewaltspirale drehte sich unablässig weiter. Die Racheaktionen der Deutschen waren ein Ausdruck ihrer Hilflosigkeit gegenüber den Partisanen, die gut organisiert waren und wachsenden Rückhalt in der Bevölkerung genossen. Dagegen halfen auch Aufrufe nichts. Im Juli 1943 ermahnte der Bundesführer des Steirischen Heimatbundes, Franz Steindl, die untersteirische Bevölkerung, nicht mit »Banditengruppen« zusammenzuarbeiten:

»Die deutsche Untersteiermark ist bereit! Dem Gegner die Faust! Dem Freunde die offene Hand! Den Spießbürgern und Angstmeiern unsere Verachtung! Dem Führer unsere Liebe, dem Reich unsere Arbeit und Kraft!«

Offiziell wurde die Bedrohung durch die Partisanen heruntergespielt, wenn überhaupt, sprach man von »Banden«, »Banditen« oder »landfremdem Mordgesindel«, das man ausmerzen wolle wie Ungeziefer. Doch die zahlreichen Nachrufe in der *Marburger Zeitung* bewiesen, wie ernst die Lage tatsächlich war. Manchmal wurden ganze Gruppen von Wehrmännern aufgelistet, die »für die Sicherheit des Reiches und die Freiheit der Untersteiermark im Kampf gefallen waren«. Auch in Tüffer und Umgebung mehrten sich die Anschläge.

Das Leben in der kleinen Stadt hatte sich innerhalb kurzer Zeit dramatisch verändert. Die Menschen erlebten Tag für Tag, dass Bekannte und Freunde plötzlich nicht mehr da waren – sie wurden deportiert, verhaftet oder man fand ihre Namen auf Listen von Hingerichteten. Andere verschwanden spurlos.

Professor Jože Maček war als Halbwüchsiger in einer Gemischtwarenhandlung in Tüffer beschäftigt. Der älteste seiner Brüder, so erzählte er mir, sei von den Deutschen in die Wehrmacht gesteckt und an die russische Front geschickt worden. Da er verheiratet war und Kinder hatte, konnte er es nicht wagen, zu den Partisanen zu gehen. Die beiden anderen Brüder schlossen sich ihnen an, sie gingen in den Wald, wie das damals hieß. Der Wald wurde zum Symbol für die Partisanen, die dort Unterschlupf fanden, Bunker und Lager errichteten und aus dem Schutz des Waldes heraus operierten, um sich gleich wieder dorthin zurückzuziehen.

Die Partisanen waren in den gesamten besetzten jugoslawischen Gebieten aktiv, auch im Unabhängigen Staat Kroatien, der neben dem heutigen Kroatien auch Bosnien und Herzegowina umfasste. Dort hatte der *Poglavnik* (Führer) Ante Pavelić mit seinen Ustaši ein Schreckensregime errichtet, das weitgehend nach dem Vorbild Hitlerdeutschlands ausgerichtet war. Schon im April 1941, kurz nach dem Einmarsch der Deutschen, wurden die Nürnberger Rassengesetze übernommen und ein eigenes KZ-System aufgebaut, mit Jasenovac als dem gefürchtetsten Todeslager, in dem Juden, Serben und Roma ermordet wurden.

Wie Guido Prister, Onkel Guido, laut Nürnberger Rassengesetz »jüdischer Mischling ersten Grades«, in diesem Staat nicht nur überleben, sondern sogar Karriere machen konnte, ist schwer nachzuvollziehen. Guido fand bei der Eisenbahn Beschäftigung und wurde als leitender Beamter nach Travnik in Bosnien geschickt, wo seine Dienststelle von Partisanen überfallen wurde. Dabei erlitt er schwere Verletzungen und musste mehrmals operiert werden. Im Jänner 1944 schrieb er an Onkel Ernst, dass er seinen Dienst wieder aufgenommen habe und mithilfe eines Stockes gehen könne. »Meine rechte Hand ist mir steif geblieben, aber wie Du aus der Schrift sehen kannst, stört mich das nicht besonders. Ich kann sogar zeichnen. Fechten oder Klavier spielen werde ich nicht können, aber mit der Pistole und Handgranate geht es schon wieder.« Für seinen beim Partisanenüberfall bewiesenen Mut wurde Guido mit der »Medaille des Führers Ante Pavelić für Tapferkeit« ausgezeichnet.

Wie war es möglich, dass Onkel Guido sich angesichts seiner Herkunft mit solcher Vehemenz für das radikal antisemitische kroatische Regime einsetzen konnte und gewillt war, trotz seiner schweren Verletzungen den Partisanen mit der Waffe in der Hand entgegenzutreten? Ich nehme an, dass es der Einfluss von Onkel Ernst und anderen Familienmitgliedern war, der Guido in diese Richtung getrieben und aus ihm einen begeisterten Kämpfer für das Ustaša-Regime gemacht hatte.

Auch als nach dem Krieg das volle Ausmaß des Holocaust bekannt geworden war, hielt Guido den Kontakt zur Amstettner Verwandtschaft aufrecht, die dem Antisemitismus keineswegs abschwor und die Verbrechen der Deutschen leugnete. Ich habe Onkel Guido nach dem Krieg in Amstetten kennengelernt, als Gast von Onkel Ernst, demselben

Onkel Ernst, der mit neunzig Jahren noch zwei Exemplare der »Protokolle der Weisen von Zion« bestellen wollte. Bei den Besuchen von Guido wurde das Beste aufgeboten, was Küche und Keller zu bieten hatten.

Eine verrückte, gestörte Familie, in der ich mich als Kind und Jugendlicher unglaublich wohlfühlte. Leider war ich damals noch zu jung, um Onkel Guido, Onkel Ernst oder meinem Großvater Fragen zu stellen. Später ergab sich keine Gelegenheit mehr.

Handelte es sich bei Guido um eine gespaltene Persönlichkeit? In gewisser Weise sicher, wobei ich nicht glaube, dass ihm das selber bewusst wurde. Er war vermutlich mit sich im Reinen. Und er wurde in der Familie so aufgenommen und geliebt, wie er war. Samt seiner Herkunft. Sein »jüdisches Blut« hatte nichts zu bedeuten, was zählte, war die Tatsache, dass er der Sohn von Josefine war – und damit einer der Unsrigen.

8

Im Oktober 1944 kam es in Tüffer zu einem spektakulären Anschlag. Der Besitzer des zentral gelegenen herrschaftlichen Weichselbergerhofes, Leo Hermann, Ortsgruppenführer und Bürgermeister, wurde kurz vor seinem fünfzigsten Geburtstag durch ein Fenster seiner Villa erschossen. Einige behaupten, Leo Hermann sei beim Kartenspielen gesessen, andere wieder glauben zu wissen, der Täter habe ihn während des Abendessens getötet.

Routinemäßig schrieb die *Marburger Zeitung* von einem »feigen Mordanschlag landfremder Banditen«, obwohl Eingeweihte in Tüffer wussten, dass die Tat von Feliks Krajnc, dem Sohn eines Nachbarn, verübt worden war. Gerüchte besagten, dass eine Hausgehilfin Hermanns, die sich später den Partisanen anschloss, dem Täter Hinweise gegeben hatte, wann und wo er den Bürgermeister am besten liquidieren könnte.

Leo Hermann war als verbissener Nazi bekannt und gefürchtet. Professor Maček erzählt, dass sie als Jugendliche auf der Straße oft Slowenisch sprachen, was verboten war. »Wenn Leo Hermann uns dabei erwischte, setzte es jedes Mal Ohrfeigen. Dabei konnten wir damals kaum Deutsch: Miza – Tisch, Riba – Fisch, dann waren wir mit unserer Weisheit schon am Ende.«

Auch Marta Jerše erinnert sich an ähnliche Erlebnisse. Sie fuhr jeden Tag mit dem Zug zur Schule nach Cilli. Während der Fahrt sprachen die Schüler natürlich Slowenisch. »Es kam vor, dass wir nicht bemerkten, dass Hermann im selben Wagen saß. Hörte er uns Slowenisch reden, sprang er wütend auf und gab jeder von uns eine ordentliche Watschen und beschimpfte uns, sodass uns Hören und Sehen verging. Wir hatten große Angst vor ihm.«

Marta Jerše wohnt in einem alten Bürgerhaus, ihrem Elternhaus, am Hauptplatz von Tüffer, schräg vis-à-vis des ehemaligen Bast-Hauses. Hinter dem Haus geht es steil hinauf zum Hum. Wir sitzen in ihrer gemütlichen Küche, sie hat Kaffee bereitet und einen wunderbaren Kuchen auf den Tisch gestellt. Sie bemüht sich, ihre Erinnerungen wachzurufen, und entschuldigt sich ein ums andere Mal, dass ihr Gedächtnis sie immer öfter im Stich lasse. Sie spricht, wie auch Professor Maček oder Pavel Hrastelj, ein schönes Deutsch, wie man es in Slowenien nicht mehr oft findet.

Die alte Dame kannte fast alle, nach denen ich frage. Den Organisten Drolc, mit dem sie als Kind und später als junges Mädchen viel zu tun hatte, ein sympathischer alter Herr, den alle schätzten; Pauline, die sie meist nur im Fenster zu sehen bekam; Ingenieur Gustav Schmidinger, ein gut gekleideter, eleganter Mann, stets höflich und zuvorkommend. Er war sehr stolz auf sein Auto, eines der ersten in Tüffer. In Schmidingers Villa, so Marta Jerše, hätten sich vor dem Einmarsch der Deutschen die lokalen Nazis versammelt, warum er das erlaubte, wisse sie nicht, es sei jedenfalls merkwürdig, denn er selber war sicher kein Nazi. Die Besucher aus Amstetten sind ihr nicht im Gedächtnis haften geblieben. Selbstverständlich erinnert sie sich auch an die Ermordung von Leo Hermann, der nur zwei Häuser weiter wohnte, und an die Aufregung, die darüber herrschte. Die Slowenen fürchteten die blindwütige Rache der Deutschen, die kopflos durcheinanderliefen und sich fragten, wie es möglich war, dass Partisanen mitten im Ort zuschlagen und eine prominente Persönlichkeit hatten töten können. Wie konnte das in Tüffer geschehen, wo es vor Militär nur so wimmelte? Auch bei Pauline war deutsches Militär einquartiert, die Behörden hatten drei Zimmer requiriert.

Als Vergeltung für Leo Hermann sollten hundert Geiseln erschossen werden, doch Hermanns Frau, eine Donauschwäbin, protestierte dagegen und verlangte, höchstens zehn Geiseln hinzurichten. Diesem Wunsch kamen die Deutschen nach. Es wurden also zehn junge Männer aus dem Gefängnis in Cilli nach Tüffer gebracht, wo sie oberhalb von Hermanns Haus eine tiefe Grube ausheben mussten. Kurz vor der Erschießung gelang einer der Geiseln die Flucht, sodass am Ende neun in der Grube landeten. Ihre Namen stehen auf einem mit dem roten Stern geschmückten Stein vor dem Weichselbergerhof, in dem sich jetzt eine öffentliche Bibliothek befindet.

Der Anschlag auf Leo Hermann zeigte den Deutschen in Tüffer, wie unsicher ihre Lage geworden war. Auf die Wehrmacht konnten sie offenbar nicht mehr zählen, noch weniger auf die heimischen Wehrmannschaften. Die waren nicht mehr imstande, sie wirksam zu schützen. Daran änderten auch die zahlreichen Erfolgsmeldungen offizieller Stellen nichts: »Die Untersteiermark ewig deutsch«, »Erfolgreiche Schläge gegen das landfremde kommunistische Mordgesindel«, »Am Ende dieses Ringens steht unser Sieg«, so und ähnlich lauteten Schlagzeilen der *Marburger Zeitung*, die täglich durch die Wirklichkeit Lüge gestraft wurden. Allen war klar, wohin der Krieg steuerte.

Der Anschlag auf den Bürgermeister war kein singuläres Ereignis. Im Jänner 1945 wurde der aus Deutschland stammende Standesbeamte und SA-Truppführer Alois Wolai ebenfalls von Partisanen getötet. Eine Woche später ereilte in Podhum bei Tüffer den Besitzer und Ortsbauernführer Karl Škoberne dasselbe Schicksal. Anfang Februar gelang den Partisanen ein großer Schlag: Der Kreisführer und Landrat von Cilli, Anton Dorfmeister, wurde während einer Dienstfahrt erschossen, obwohl er mit einer schwer bewaffneten Eskorte unterwegs gewesen war.

Der Anschlag offenbarte, dass sich das Kräfteverhältnis längst zugunsten der gut ausgerüsteten und vor allem hochmotivierten Partisanen gewendet hatte. Als Rache für die Ermordung Dorfmeisters wurden hundert Partisanen hingerichtet. Für den Ortsbauernführer Škoberne mussten zehn Häftlinge aus Cilli ihr Leben lassen.

Die Bewohner von Tüffer waren gespalten: Die einen reagierten auf die Tatsache, dass die Partisanen beinahe ungestört operieren konnten, mit Verunsicherung und Angst, weil sie deren Rache fürchteten, während die meisten Slowenen die Anschläge insgeheim begrüßten. Die deutschen Stellen hingegen versuchten, weiterhin Optimismus zu verbreiten. So sprach der Nachfolger Dorfmeisters bei einer Versammlung in Cilli unter dem Titel »Die Untersteiermark nach unserem Sieg« vom unmittelbar bevorstehenden Triumph der deutschen Waffen, der eine große Zukunft einläuten werde, »denn Deutschland wird siegen, und nach dem deutschen Sieg wird die Untersteiermark wieder ein blühender Garten werden«.

Auch in Amstetten glaubten Fanatiker noch an den von Hitler beschworenen Endsieg. Zu ihnen zählte mein Onkel Gunther, der Sohn von Ernst Bast, der als Kind für seinen Vater die deutschen Schlachtschiffe Scharnhorst und Gneisenau mit vielen Hakenkreuzen gezeichnet hatte. Sein Vertrauen in das Dritte Reich und den Führer war grenzenlos und scheinbar durch nichts zu erschüttern. Im Jänner 1945, als bereits die Kämpfe um Budapest tobten, das »Stalingrad an der Donau«, schickte er eine Namenstagskarte an seinen Vater. Der Scherenschnitt darauf zeigt einen jungen Mann mit Hakenkreuzschild und Schwert zu Pferd, darunter einen Mann, ebenfalls zu Pferd, mit geschultertem Spaten und einem kleinen Eichenbäumchen in der Hand, dazu eine berittene Frau mit einem kleinen Kind, das auf dem Rücken des Pferdes steht. Die Karte trägt den Text:

»Sieg im Osten,
Raumnotwende,
Du rufst tausend, tausend Arbeitshände,
die das Land verwalten / es gestalten,
damit es unsern Kindern
ewig Heimat sei.«

Das Attentat auf den Bürgermeister von Tüffer rief in Amstetten große Bestürzung hervor. Leo Hermann war mit Onkel Ernst und Fräulein Perbel befreundet gewesen, die oft mit ihm Karten gespielt hatten. Doch es war vor allem der Umstand, dass er in seinem eigenen Haus, in Sichtweite des Bast-Hauses, einem Anschlag zum Opfer gefallen war, der den Amstettnern ins Bewusstsein rief, dass die Deutschen in Tüffer ihres Lebens nicht mehr sicher waren. Das galt auch für die Schwester Pauline.

Wenige Tage nach dem Attentat informierte Fräulein Perbel Onkel Ernst, der zum Bau des Südostwalls an die ungarische Grenze abgestellt worden war, von dem Ereignis. »Der Inhalt des Briefes von Tante Paula vom 28. 10. wird Sie genauso tief erschüttern, wie es auch mir ergangen ist! Also fängt die Schlächterei in Tüffer auch schon an! Die arme Tante Paula, wie sie sich wieder aufregen wird! ... Den Leo habe ich zum letzten Male im schwarzen Anzug über den Platz hinuntergehen gesehen, als wenn er zu seinem eigenen Begräbnis gehen würde, und jetzt ist der arme Mann wirklich schon tot! Eigentlich nicht recht auszudenken.«

Fräulein Perbel zeigte sich entsetzt, dass die »Schlächterei« in Tüffer auch schon angefangen hatte. Die zahlreichen von den Deutschen verübten Verbrechen hatten die gebürtige Slowenin, die sich zur fanatischen Nationalsozialistin gewandelt hatte, nicht erschüttert.

Es gab noch etwas, was Fräulein Perbel damals Sorgen bereitete. Pauline hatte aus Angst vor alliierten Bomben und Partisanenangriffen den Großteil ihrer Kleider nach Amstetten geschickt, in die Obhut von Onkel Ernst. Gustav Schmidinger folgte ihrem Beispiel und schickte ebenfalls seine besten Sachen zum Schwager. Auch Schmidinger war zum Bau des Südostwalls eingeteilt worden, in Rohitsch-Sauerbrunn. Ein paar Monate später ließen Pauline und Schmidinger einen ganzen Güterwaggon, beladen mit ihrem schönsten Mobiliar, folgen, ungeachtet der Devise der Reichsbahn: »Die Räder müssen rollen für den Sieg.«

Wie es möglich war, Anfang 1945 entgegen allen Vorschriften einen Eisenbahnwaggon voller Möbel von Tüffer nach Amstetten zu schicken, ist schwer nachzuvollziehen. Gewiss ließen Ingenieur Gustav Schmidinger und Onkel Ernst ihre Beziehungen spielen und zahlten ordentlich Schmiergeld.

Der Waggon war lang unterwegs, und Fräulein Perbel machte es sich zur Aufgabe, den irgendwo stecken gebliebenen Transport ausfindig zu machen und dafür zu sorgen, dass er heil an sein Ziel gelangte. Detailliert informierte sie Onkel Ernst, der in Deutschkreutz nahe der ungarischen Grenze eine Schanzkolonne befehligte, über die Irrfahrt des

Wagens. Damit nicht genug, schickte sie ihm regelmäßig Liebesgaben wie Schnaps, »aufgeschnittenen Speck und getrocknete Äpfel (zum tagsüber naschen)!« oder Emmentaler, den sie in einem Laden gesehen und »gleich auf meine ganze Karte« gekauft hatte. Den steckte sie mit Zwieback und seinen Magenpillen in ein Paket. Und immer wieder bläute sie ihm ein, nur ja auf sein Ohr zu achten, das ihm seit geraumer Zeit Probleme bereitete, »sonst werden Sie ja ganz ›terisch‹ werden und ich muss dann immer schreien mit Ihnen«.

In Deutschkreutz, wo Ernst Bast eifrig schanzte, waren zur selben Zeit auch ungarische Juden im Einsatz. Historiker schätzen ihre Zahl auf zweitausend. Die meisten waren Frauen, viele um die fünfzig. Unterbringung und Versorgung waren extrem schlecht. Das und die brutale Behandlung durch die Wachmannschaften erklärt die hohe Rate an Todesopfern – schätzungsweise kamen in Deutschkreutz zirka 650 Juden ums Leben. Es ist undenkbar, dass Onkel Ernst davon keine Kenntnis gehabt haben sollte – ob er direkt mit jüdischen Zwangsarbeitern zu tun hatte, kann ich nicht sagen.

Fräulein Perbel war Onkel Ernst weit über ihre Tätigkeit als Kanzleileiterin hinaus zu Diensten. Manchmal konnte man den Eindruck gewinnen, sie behandle ihn wie einen Junggesellen, dem sie unter die Arme greifen müsse. Michaela, seine Frau, erwähnte sie in ihren Briefen lediglich am Rande und dann eher abfällig. Sie schien nicht viel von ihr zu halten und fand nichts dabei, ihren Chef das wissen zu lassen.

Als schließlich der Waggon mit den Möbeln in Amstetten eintraf, gab Fräulein Perbel sofort Bescheid. »Die Hauptsache aber ist, daß Ihre Weinflaschen ganz geblieben sind.«

Die Front rückte näher, fast täglich wurde Amstetten bombardiert oder von Tieffliegern angegriffen, Flüchtlingstrecks aus dem Osten zogen durch die Straßen, Tausende von Gefallenen und Vermissten wurden gemeldet, doch für Fräulein Perbel war am wichtigsten, dass der Wein aus Tüffer für ihren verehrten Chef ganz geblieben war.

Auch in Tüffer herrschten Angst und Schrecken. Im Februar 1945 schilderte Pauline die Lage: Tüffer werde massiv bombardiert, viele Häuser seien zerstört, Bombenkrater klafften in den Straßen, auch der Friedhof sei schwer getroffen worden, viele Bewohner, unter ihnen auch Pauline und Drolc, verbrächten die meiste Zeit in einem Luftschutzkeller unterhalb des Hums. »In Tüffer sieht es jetzt wohl traurig aus, und noch keine Aussicht, dass es besser wird. Zu Hause mache ich jetzt nur das Notwendigste, dann eilen wir hinaus, sind schon ganz erschrocken. Der liebe Gott schütze uns alle! – Habt Ihr oft Feindflieger? Geht Ihr alle wohl zu rechter Zeit in Sicherheit?«, schrieb Pauline. Abschließend schickte sie die herzlichsten Grüße »von Drolz und mir«. Ohne »Heil Hitler«.

Fräulein Perbel antwortete postwendend und berichtete, dass eine Bombe das Hofgebäude »bei Herrn Doktor« vollständig wegrasiert hatte. Das Wohngebäude selbst war nur beschädigt worden. Sie forderte Pauline auf, sollte sich die Lage weiter verschlimmern, nach Amstetten zu kommen, wo es genügend Platz für sie und Drolz gebe. Und zum Luftschutzstollen, der ein paar tausend Menschen aufnehmen könne, seien es nur fünfhundert Schritt, »wo Sie aber dann ganz sicher geborgen sind«.

Es ist bezeichnend, dass die Kanzleileiterin diese Einladung aussprach und nicht Onkel Ernsts Frau, die eigentlich dafür zuständig sein sollte. Doch davon wollte Fräulein

Perbel nichts wissen, weshalb sie in allen das Haus betreffenden Angelegenheiten ausschließlich mit ihrem Chef kommunizierte. Dieser stille Kampf dauerte bis weit in die Nachkriegszeit hinein. Ich kann mich noch gut erinnern, welche Spannungen zwischen Tante Michi und Fräulein Perbel herrschten.

In ihrem Antwortschreiben berichtete Pauline von ständigen Bombenangriffen, die das Leben schier unerträglich machten. An einem Tag fielen »80 Bomben auf Tüffer und die unmittelbare Umgebung, 32 am Vormittag und 48 am Nachmittag«, wie sie exakt auflistete. Der Friedhof habe vier Volltreffer abbekommen und sei übersät von Bombenkratern, es solle dort grauenhaft aussehen, schrieb Pauline, doch der Grabstein der Familie Bast stehe angeblich noch. Für das Angebot, gemeinsam mit Drolz, dessen Namen sie hartnäckig falsch schrieb, obwohl er auch der ihre war, nach Amstetten zu kommen, danke sie herzlich. »Aber wir können vom Hause nicht fort. … Der liebe Gott gebe, daß wir uns doch noch einmal gesund Alle sehen!«

9

Wir können vom Hause nicht fort, schreibt Pauline im März 1945 an Fräulein Perbel. Schließlich ist es ihr Elternhaus, an dem sie mit jeder Faser ihres Herzens hängt, auf dessen Fassade in großen Lettern immer noch der Name ihres Vaters steht. Dieses Haus teilt sie seit zwanzig Jahren mit ihrem slowenischen Mann, dem Organisten Drolc. Auch er hat keine Absichten, nach Amstetten zu fahren, um sich dort in Sicherheit zu bringen. Sicherheit!? Was bedeutet das in jener Zeit, als überall Chaos und Verwirrung herrschen und der längst ermüdete Krieg sich immer wieder aufbäumt und zahlreiche weitere Opfer fordert?

Auch in Tüffer scheint die Welt völlig aus den Fugen geraten zu sein. Flüchtlinge ziehen durch die Stadt, schlagen hier Lager auf, ziehen weiter, Deutsche aus dem Süden, aus der Batschka und aus dem Banat, Kroaten, alte Leute mit Kindern, aber auch Soldaten, Ustaši, die der Rache der kommunistischen Partisanen entkommen wollen, dazu einheimische Deutsche und Truppen der Wehrmacht. Die Ordnung ist zusammengebrochen, Menschen fliehen in Panik, kopflos, alle wollen fort, wollen nach Norden, über die Grenze nach Österreich. Pauline möchte nicht fort. Ihr Brief erreicht am 29. März Amstetten – dass die Post angesichts der Zerstörungen der Bahnhöfe und Gleisanlagen überhaupt noch funktioniert, grenzt an ein Wunder.

Pauline hat ihre besten Kleider und Möbel nach Amstetten geschickt, in der Annahme, dort seien sie gut aufgehoben. Sie selbst bleibt in Laško. Sie ist Deutsche, doch sie hat sich nichts zuschulden kommen lassen, sie sieht keinen Grund, die Partisanen zu fürchten. Am 8. Mai 1945 marschiert die erste jugoslawische Brigade in Laško ein. Bald folgen Verhaftungen und Erschießungen. Ohne Gerichtsverfahren und Urteil. Nun ist es für Pauline zu spät, sich in Sicherheit zu bringen. Ihr Elternhaus wird zur tödlichen Falle. Pauline, auch Paula oder, slowenisch, Pavla genannt, stirbt am 24. August 1945 im Lager Hrastovec in den *Slovenske gorice,* den Windischen Büheln, nicht weit entfernt von Maribor.

Bei meinem Besuch in Laško im Jahr 2017 mache ich noch einmal den Versuch, mir Klarheit über die letzten Tage und Stunden meiner Tante, die eigentlich meine Großtante ist, zu verschaffen. Ich spreche mit den wenigen Augenzeugen, die sich an jene Ereignisse erinnern können, und suche alle Orte auf, die bei dem Geschehen eine Rolle spielten.

»Ich habe damals mit meiner Oma in der *Kaplanija,* der Kaplanei, schräg gegenüber dem Bast-Haus gewohnt. Meine Oma war als Mesnerin in der Pfarrkirche beschäftigt«, erzählt Ana Knez, eine alte, rüstige Dame, die mir in ihrem gemütlich eingerichteten Wohnzimmer am *Savinjsko nabrežje,* dem Sann-Ufer, gegenübersitzt. Sie hat Kaffee vor mich hingestellt. »Wenn ich mich richtig erinnere, gab es kurz vor dem Krieg im Bast-Haus noch eine Schenke, die von allen Bei Bast genannt wurde. Ob das der richtige Name war, weiß ich nicht.«

Ana Knez hat Pauline immer nur am Fenster oder im Haus gesehen. Der Organist Drolc schickte sie oft mit Nachrichten zu seiner Frau, die seit Jahren nicht mehr nach draußen ging. Pauline war stets freundlich und bot der jungen Ana oft Hostienreste an, von denen die alten Leute in Laško heute noch schwärmen.

Drolc habe sie gut gekannt, sagt Frau Knez, denn sie sei Mitglied des von ihm geleiteten Kirchenchores gewesen. »Wenn er mich auf der Straße sah, rief er schon von weitem:

– Ana, *gremo, gremo* … (Ana, gehen wir, gehen wir …)

– Wohin?

– In die Kirche, zum Singen.

Drolc war dahinter, dass wir fleißig übten; mir hat das Spaß gemacht, da ich gern und ziemlich gut sang. Als der Krieg zu Ende war, gingen wir mit ihm in die Kirche und sangen slowenische Lieder. Da haben wir alle geweint.«

Eines Morgens sei ihre Oma am Fenster gestanden, die Tränen seien ihr über die Wangen geronnen, erinnert sich Ana Knez. Auf ihre Frage, was geschehen sei, habe sie gesagt, sie habe in den frühen Morgenstunden gesehen, wie ein blutjunger Partisan, fast noch ein Kind, Frau Paula aus dem Haus führte. Er habe ein Gewehr getragen, das ihm bis zu den Fersen reichte.

Während meines Besuches in Laško erzählt mir ein Mann, der seinen Namen nicht nennen will, von einem Gerücht, wonach der Junge mit dem großen Gewehr in der Brauerei in Tüffer beschäftigt gewesen sei, es habe sich also um einen Hiesigen, einen Unsrigen gehandelt. Den Namen des Jungen kennt mein Informant nicht.

Demnach waren es nicht mehrere Partisanen, die Pauline abholten, wie manche behaupten, sondern nur einer. Einer genügte, um die alte Frau wegzuführen. Sie wurde auch nicht aus dem Haus gezerrt, wie einige mutmaßen, sondern sie ist dem Burschen widerstandslos gefolgt. Ohne zu protestieren und zu zetern, ganz ruhig. Was hätte sie machen sollen? Ob Drolc seine Frau ein Stück Weges begleitete, vermag keiner zu sagen. Ana Knez weiß nur, dass Drolc nach dem Verschwinden seiner Frau lange Zeit verstört wirkte.

Er habe nie über das Geschehen geredet, vermutlich hatte er Angst.

»Wir konnten lange Zeit nicht glauben«, sagt Ana Knez, »dass in unserem Laško so etwas mit Frau Paula geschehen konnte. Sie war ein guter Mensch und hat niemandem etwas zuleide getan. Warum hat man ihr das angetan?«

Drolc sei im einstigen Bast-Haus geblieben, das später nationalisiert wurde. Eine seiner Töchter, eine gewisse Gizela Krašek, habe ihm den Haushalt geführt, erzählt Ana Knez. Er sei bis zu seinem Tod 1962 dort wohnen geblieben.

Mit dem Ende des Krieges waren die Schrecken keineswegs vorbei. Es brach eine gesetzlose Zeit an, in der das Recht des Stärkeren regierte. Der Bruder denunzierte den Bruder. Viele Besitzer von Liegenschaften oder Geschäften, so Ana Knez, seien damals von einem Tag auf den anderen verschwunden. Wenn jemand mit seinem Nachbarn zerstritten war, brauchte er nur bei den richtigen Stellen etwas gegen ihn zu sagen, und der Nachbar sei weggebracht worden. »Keiner wusste, was mit den Menschen geschah. Das haben wir erst Jahre später erfahren.«

Sie habe mit eigenen Augen gesehen, wie Menschen erschossen und irgendwo verscharrt wurden, erzählt Ana Knez stockend. »Wo immer Sie bei uns graben, finden Sie Knochen.«

Auch Professor Jože Maček, mein verlässlichster Führer durch die Geschichte Laškos, sagt, dass das Chaos am 9. Mai 1945 keineswegs zu Ende war. Es sei auch später noch viel gekämpft und gemordet worden. In den ersten Wochen hätten sich alle über die Befreiung gefreut, sie hätten das neue Regime hochleben lassen, es habe Festveranstaltungen, Konzerte, Fackelzüge und Ähnliches gegeben, erzählt er. Doch die anfängliche Begeisterung sei rasch verflogen.

Die willkürliche Verhaftung lokaler Bewohner, wie zum Beispiel von Pavla Drolc, habe die Menschen aufgebracht, doch keiner habe gewagt, dagegen zu protestieren. Es hätten Angst und Misstrauen regiert. Im Übrigen seien die Verhaftungen meist in der Nacht oder den frühen Morgenstunden erfolgt.

Später habe es auch in Laško massenweise Erschießungen gegeben, die Opfer seien in Autobussen mit verhängten Fenstern oder verdeckten LKWs zum Friedhof gebracht worden, wo sie dann erschossen wurden, erinnert sich Jože Maček, der das mit eigenen Augen gesehen hat. Am Friedhof habe es tiefe Bombenkrater gegeben, in die wurden die Leichen geworfen. »Sie sind nie exhumiert worden und liegen heute noch dort.«

In Amstetten lösten die dramatischen Nachrichten aus Tüffer nur verhaltenes Entsetzen aus. Die Menschen hatten mehr als genug mit sich selber zu tun, mit den einmarschierenden Russen, den damit einhergehenden Schrecken, Plünderungen und Vergewaltigungen. Viele flohen nach Westen, in die amerikanische Zone, wo sie sich sicherer wähnten. Auch mein Großvater und meine Großmutter suchten Zuflucht in einem kleinen Ort in der Nähe von Linz. Mein Vater wurde als Kriegsverbrecher gesucht und tauchte unter. Er wurde 1947 beim Versuch, illegal von Südtirol nach Österreich zu gelangen, von dem Schlepper, der ihn über die Grenze bringen sollte, ermordet.

Onkel Ernst bekam als Nazi für einige Zeit Berufsverbot, das nach wenigen Jahren wieder aufgehoben wurde. Er war hervorragend vernetzt, in alle politischen Richtungen, inklusive der Kommunisten, die ihm einen »Persilschein« ausstellten. Seine treue Kanzleileiterin hingegen wurde verhaftet, weil sie sich im März 1945 in Amstetten an Misshandlungen amerikanischer Gefangener, Fliegerbesatzungen, beteiligt hatte, die durch die Stadt geführt wurden. Angeblich war die kleingewachsene Person einem baumlangen Amerikaner wie ein Panther auf den Rücken gesprungen und hatte ihn gekratzt und an den Haaren gerissen. Dafür fasste Fräulein Perbel eineinhalb Jahre Gefängnis aus.

Die Untersuchungshaft verbüßte sie in Wien, wohin ihr Onkel Ernst Pakete schickte, um die schmale Gefängniskost aufzubessern und sie mit nötigen Kleidungsstücken zu versorgen. So schreibt er am 18. Oktober 1945: »Liebes Frl. Perbel! ... Im 8. Paket hatte ich Ihnen am Donnerstag, den 11. Okt., nebst Seife, Handbürste und 2 Paar Strümpfen auch die Goiserer mit Strecker, den Leinen-Schlafsack, den Strumpfgürtel und graue Wollfäustlinge mitgeschickt. Diese wurden aber nicht angenommen; ich sende Ihnen daher statt der Goiserer die gewünschten Halbschuhe und Ihre Leibbinde, an der Sie die Strümpfe befestigen können. ... Innerhalb des zulässigen Brotgewichts sende ich Ihnen einige gebratene Kartoffeln, die ebenfalls für die richtige Ernährung erforderlich sind; schade, daß Sie sie nicht warm bekommen können. Sie sind mit den Schalen zu essen; ich esse sie immer zum Nachtmahl und tun sie mir für meinen Magen sehr gut.«

Die gebratenen Kartoffeln wurden von der Gefängnisverwaltung zurückgewiesen, ebenso ein gefüllter Kuchen, den Onkel Ernst schickte. Sie »gehörten nicht zu den erlaubten Sachen, die geschickt werden dürfen«, informierte er in einem nächsten Brief seine Kanzleikraft.

Im November 1945 berichtete ihm sein Schwager Gusti Schmidinger, er sei zusammen mit Pauline im Lager Hrastovec interniert gewesen, doch bald wieder freigekommen.

Pauline hingegen habe die brutale Behandlung nicht ausgehalten und sei im Lager gestorben. »Mir tut sie sehr leid«, schrieb Onkel Ernst an Fräulein Perbel, »dass sie auf solche Weise ihr Ende finden mußte. Was seinerzeit als schlecht beanständet wurde, wird jetzt fortgesetzt, aber Niemand will oder getraut sich zu zeigen, wie man es besser macht.«

In den Briefen an Fräulein Perbel finden sich immer wieder solche Sentenzen über die Ungerechtigkeit der Zeitläufte, die Onkel Ernst und seinesgleichen, darunter auch Fräulein Perbel, zu unschuldigen Opfern machten, wie er bitter anmerkte.

»Sie und ich müssen uns damit abfinden, daß das Weihnachtswort ›Friede den Menschen auf Erden‹ eben nur derzeit noch ein leeres Gefasel ist, den Haß gegen uns etwas zu verbrämen und die Quälerei gegen Menschen fortzusetzen, anstatt zu zeigen, wie es besser gemacht werden soll«, schreibt er am 17. Dezember 1945.

Kein Wort über die echten Opfer, Slowenen, Juden, Russen, Polen und Angehörige zahlreicher anderer Nationen, kein Wort über die Verbrechen des Nationalsozialismus, den Onkel Ernst seit den frühen dreißiger Jahren aktiv unterstützt hat. Onkel Ernst war keine Ausnahme, meine ganze Familie väterlicherseits schlug nach 1945 solche Töne an. Alle waren sie plötzlich unschuldige Opfer, denen man nun an den Kragen wollte. Wenn man ihnen zuhörte, konnte man meinen, ihnen sei stets Unrecht geschehen. Wie oft habe ich in meiner Kindheit und Jugend dieses Lamento gehört, dieses Beharren auf der eigenen Unschuld, egal, was die Fakten besagten.

Dabei ist ihnen in Wahrheit nichts geschehen, meinem Onkel Ernst und meinem Großvater nicht, sie sind mit heiler Haut davongekommen und haben nach dem Krieg weitergemacht wie vorher, zurückgenommen oder gar bedauert haben sie nichts. Es gibt nichts, was uns leidtun müsste, wir waren immer Idealisten. Sie führten nach ein paar Jahren ihre Kanzleien weiter, als sei nichts geschehen. Zwei angesehene Rechtsanwälte, auf die keiner einen Stein warf.

Angeblich war auch mein Großvater in die sogenannte »Amstettner Sache« verwickelt, wie die Misshandlungen der amerikanischen Flieger genannt wurden. Eine Augenzeugin aus Amstetten bestätigte mir vor ein paar Jahren, sie habe selber gesehen, wie mein Großvater mit seinem Stock auf die Gefangenen einschlug.

– Warum haben Sie das damals nicht ausgesagt?

– Wie konnte ich?! Er war doch ein Doktor!

Pauline hat sich im Gegensatz zu ihren Amstettner Brüdern nie für den Nationalsozialismus engagiert und ihren slowenischen Landsleuten gegenüber stets loyal verhalten. Sie hat ruhig und zurückgezogen gelebt, eine seltsame, möglicherweise verschrobene Frau, doch immer freundlich und hilfsbereit. Dass ausgerechnet Pauline in den Nachkriegswirren grausam zu Tode kam, ist eine bittere Ironie des Schicksals.

Die letzte Aufnahme, die ich von Pauline besitze, stammt vom Mai 1943. Eine Porträtaufnahme, zweifellos von einem Berufsfotografen, obwohl sie keinen Stempel trägt. Pauline lächelt, sie wirkt gelöst und hat sich für die Aufnahme herausgeputzt. Ohrringe und eine Kette, vielleicht mit Glasperlen, weiße Bluse und schwarzes Jackett. Man sieht ihr noch nichts an von den Beschwernissen und Ängsten des Krieges, von den Vertreibungen und Deportationen slowenischer Freunde und Bekannter, von den Rationierungsmaßnahmen, den Verordnungen und Verboten, von der wachsenden

Letztes Foto von Pauline, 1943

Furcht vor den Partisanen, den Bombenangriffen und Zerstörungen, von ganzen Tagen im feuchten Luftschutzkeller unterhalb des Hums, von den Sorgen um ihre Verwandten in Amstetten und Zagreb, von den Einquartierungen der Soldaten in ihrem Haus, von den Massenerschießungen, angeordnet von den Deutschen. Von alldem ist auf der Fotografie nichts zu sehen.

Auf der Rückseite steht in Kurrent in der Handschrift von Onkel Ernst: »1943 Mai / Frau Pauline Drolz-Bast / geb am 26. Feber 1875 in Markt Tüffer«.

Sie war zur Zeit der Aufnahme 68 Jahre alt und hatte noch zwei Jahre zu leben.

Diese Aufnahme zeigte ich 2017 während eines Vortrags in Laško. Ein Foto-Abend. Das Treffen hatte Boštjan Vrščaj organisiert, ein junger Sammler alter Fotografien. Die Terrasse des Cafés, wo die Begegnung stattfand, war voll. Die Aufnahmen, die meisten von meiner Familie, erregten großes Interesse, ohne jegliche Vorurteile. Es war, als sei die Familie Bast für ein paar Stunden nach Laško zurückgekehrt.

Als ich am nächsten Tag am Ufer der Savinja entlangspazierte, kam mir eine alte Dame entgegen. Sie zögerte einen Moment, dann sprach sie mich an. Sie deutete auf eine Kirche auf einem der Hügel und fragte, ob ich wisse, wie sie heiße und was es dort Besonderes gebe.

Am Abend zuvor hatte mich jemand auf die Kirche sv. Krištofa, zum heiligen Christoph, hingewiesen, dort stehe die älteste Orgel Sloweniens. Dieses frisch erworbene Wissen trug mir jetzt ein freundliches Lächeln ein.

»Vi ste Laščan?« (Sind Sie aus Tüffer?)

Ich verneinte. Aber meine Familie stamme aus Laško, Deutsche, ich sei auf der Suche nach ihren Spuren.

Sie nickte zustimmend. Offenbar wusste sie, wer vor ihr stand, denn sie sprach von der *Bastova hiša* und sagte, sie habe Frau Paula flüchtig gekannt, allerdings nur am Fenster stehend, bis hierher. Sie machte eine bekannte Handbewegung zur Hüfte. Dann setzte sie ihren Weg fort.

»Mejte se dobro!« (Leben Sie wohl!)

Auf einem aus der Savinja ragenden Felsen stand ein Graureiher und starrte ins Wasser. Ich hatte ihn seit Tagen beobachtet, er lauerte immer an derselben Stelle, auf dem Felsen mitten im Fluss. Diesmal hatte er Glück. Blitzschnell stieß er mit dem degenförmigen Schnabel ins Wasser und holte einen zappelnden Fisch heraus.

Danksagung

Ein Buch zu schreiben ist eine einsame Angelegenheit. Man ist viel mit sich allein, auf sich selber gestellt, zur Einsamkeit verurteilt, obwohl man sie auch als Segen betrachten kann. Für mich ist Alleinsein eine wichtige, unerlässliche Bedingung fürs Schreiben. Ich brauche Zurückgezogenheit und Ruhe, ja Stille.

Andererseits ist man beim Schreiben auch oft auf Hilfe angewiesen. Auf Ratschläge und Hinweise, auf Informationen und auch Kritik. Kritik ist besonders wichtig. Insofern gleicht das Schreiben, jedenfalls die Recherche für ein neues Buch, wenn man Glück hat, einem fruchtbaren Zwiegespräch. Man stellt Fragen und äußert Bedenken, die der Befragte bestärkt oder ausräumt, je nachdem. Solche Gespräche sind in der Phase der Recherche besonders wichtig, weil sie einem die Suche erleichtern und neue Perspektiven eröffnen, manchmal auf unbekannte Aspekte verweisen.

Daher ist es für mich selbstverständlich, allen jenen, die zum Entstehen dieses Buches beigetragen haben, auf welche Weise auch immer, meinen herzlichen Dank zu sagen. An erster Stelle gilt dieser Dank meiner Frau, die mich seit jeher beim Schreiben verständnisvoll und hilfreich begleitet. Sie war auch diesmal meine erste Leserin, immer aufmerksam und kritisch. Ein Schreiben ohne sie, ohne ihre Ermutigung und ihre kritischen Anmerkungen, kann ich mir nicht mehr vorstellen.

Mein Freund Gerhard Zeillinger hat das Entstehen dieses Buches von Anfang an mit Interesse und wertvollen Hinweisen und Fragen begleitet. Fragen sind oft mindestens so wichtig wie Informationen, weil sie unsere Perspektive erweitern, uns ermuntern, weiterzusuchen. Gerhard hat mit mir zahllose Gespräche über das Buch und die ihm zugrundeliegenden Themen geführt, und er hat nie mit ehrlicher Kritik gespart, wofür ich ihm dankbar bin.

Das Buch behandelt das konfliktbeladene Verhältnis von deutschsprachigen Bewohnern und Slowenen in der ehemaligen Untersteiermark, die seit 1918/19 zu Slowenien gehört. Es war daher für mich eine angenehme Überraschung, dass ich in Slowenien zahlreiche Helfer gefunden habe, die mich mit wertvollen Materialien und Hinweisen versorgten. Vor allem aber haben sie mich gastfreundlich aufgenommen und in jeder Hinsicht unterstützt. Das ist nicht selbstverständlich, wenn man sich die Geschichte meiner Familie und die mehr als problematischen Beziehungen manch ihrer Mitglieder, voran meines Großvaters und Vaters, zu den slowenischen Nachbarn vor Augen führt.

Einer meiner wichtigsten Begleiter und Wegweiser durch die verworrenen deutsch-slowenischen Beziehungen in Laško, Tüffer, und den umgebenden Regionen war Prof. DDDR. Jože Maček, der immer ein offenes Ohr für meine oft naiven Fragen hatte und mich mit unglaublicher Geduld und unerschöpflichem Wissen durch die Geschichte des kleinen Ortes, aus dem er selber stammt, führte. Als unschätzbar erwiesen sich seine Kenntnisse über lokale Personen, von denen ich oft nur die Namen kannte.

Pavel Hrastelj ist mir in den Jahren, die ich an dem Buch gearbeitet habe, zum lieben Freund geworden. Seine Frau

Bogdana und er haben keine Mühen gescheut, um mich zu unterstützen, mit Hinweisen und Materialien wie Fotos, und sie haben mir oft Mut zugesprochen.

Marta Jerše und Ana Knez, zwei Augenzeuginnen aus Laško, haben großzügig ihr Wissen über die Zeit, die ich in dem Buch behandle, mit mir geteilt. Beide kannten die tragische Hauptperson des Buches, meine Großtante Pauline, und haben mir von ihr und den letzten Jahren ihres Lebens erzählt. Nicht unerwähnt soll die gastfreundliche Aufnahme bleiben, die mir die beiden bereiteten. Ich denke gern an den hervorragenden Kaffee und Kuchen, den sie vor mich hinstellten.

Ein wichtiger Helfer und Berater in Laško war und ist Boštjan Vrščaj, den ich über unser gemeinsames Interesse für alte Fotografien kennen und schätzen lernte. Boštjan verdanke ich viele Hinweise auf mir bisher unbekannte Bilder, von denen manche im Buch Aufnahme fanden.

In diesem Zusammenhang möchte ich auch Jože Benedek für seine großzügige Hilfe Dank sagen, der sein reiches Fotoarchiv für mich öffnete und mir einige wichtige Aufnahmen zur Verfügung stellte.

Nicht vergessen kann ich die Begegnungen und Gespräche mit Alenka Hren Medved aus Celje und mit Valentin Rems aus Laško, sie waren für mich von großer Bedeutung. Das gilt auch für meinen Freund Peter Vodopivec, einen hervorragenden Zeithistoriker aus Ljubljana, und die Übersetzerin, Journalistin und Autorin Jerneja Jezernik.

Last but not least möchte ich mich bei meinem Verlag bedanken, der das Erscheinen des Buches möglich gemacht hat. Ich will hier nur Herbert Ohrlinger, Bettina Wörgötter und Brigitte Hilzensauer nennen.

Neben den hier Genannten haben mich noch zahllose andere, hier nicht erwähnte Personen unterstützt und freundlich aufgenommen. Ihnen allen möchte ich an dieser Stelle danken.

Für eventuelle Fehler bin selbstverständlich ich allein verantwortlich.

Martin Pollack

Paul Bast
1845–1901

Ludwig
1873–1936

Pauline
1875–1945

heiratet 1925
Franc Drolc
1873–1962

Anna
1876–?

Käthe
1877–?

heiratet
Milan Kreković
1870–1930

Rudolf
1880–1960

heiratet 1910
Paula Lehner
1888–1971

Gerhard
1911–1947

heiratet 1945
Hilde Pollack
1912–1976

Martin
1944–

Helmut
1914–200